초등학교
독도교육의
이해와 실제

초등학교
독도교육의
이해와 실제

윤성한 외 공저

Elementary School
Dokdo Education

이담
Books

┃ 머리말

　자국의 영토에 대한 바른 이해와 이를 수호하고 지켜나가고자 하는 자질과 태도를 함양할 수 있도록 하는 교육은 어느 시대, 어느 국가를 막론하고 항상 강조되어 왔다. 그리하여 대부분의 나라들이 초·중등학교에서 역사·지리·법 및 국제관계 등 여러 영역에서 영토 문제를 교수·학습 요소로 도입하고 합리적이고 이성적인 국토 수호의 자세와 태도를 기르고 있다.

　주지하다시피 역사적으로나 국제법상으로 우리 영토임이 분명한 독도에 대하여 부당한 이견을 제시하는 사례가 있어 우리 스스로 독도에 대한 바른 이해와 열정을 더욱 높여나가지 않으면 안 된다는 요구가 높아지고 있다.

　그러나 한정된 교과서 지면만으로는 현실적 필요와 관심을 모두 수용하기란 한계가 있다. 이에 본 교재는 초등학교 현장에서 독도 학습을 활성화시키는 데 도움을 주고자 개발되었다.

　이 교재는 1장에서는 학생들에게 독도교육을 위해 교사가 알고 있어야 할 독도의 이론적 부분들인 독도의 일반적 사실뿐만 아니라, 독도의 인문·자연환경, 독도의 역사, 독도를 지킨 사람들과 같은 유용한 학습 자료를 포함하고 있다. 2장에서는 초등학교 교육과정에서의 독도교육의 위치와 교과별로 적용한 교수학습과정안 및 학습자료, 부록에서는 독도와 관련된 웹사이트 및 도서들이 수록되어 있다.

　학생들로 하여금 독도를 바르게 이해하고 나라를 사랑하는 마음을 가질 수 있도록 이 자료가 현장에서 적극 활용되기를 바라며, 이 교재를 개발하는 데 힘쓰신 인천초등교육과정연구회, 그리고 인천남부교육지원청 초등사회교과연구회 여러분들과 독도의 이론적 부분들에 전문성을 실어 준 전국사회과교과연구회 분들께 감사의 인사를 드린다.

2013년 1월
대표 저자

▌목차

1장
독도에 대한 이해

1. 독도에 대한 이해

독도에 대해서 알아보기

독도는 역사적으로 우리 민족과 삶을 같이해 온 우리의 고유한 영토이자 민족의 터전이다. 근래에 이르러 우리의 영토인 독도를 일본이 자기 땅이라고 우기고 있는 안타까운 실정이 더욱 심해지고 있다. 이런 상황이 벌어지게 된 것은 물론 일본이라는 외부적 요인도 무시할 수 없겠지만, 어쩌면 그만큼 우리가 우리의 영토였던 독도에 대한 관심과 이해가 부족했던 내부적 원인 때문일지도 모른다. 우리 국민 모두가 독도에 대한 올바른 역사적 지식을 갖추어야 앞으로 계속될 일본과의 독도 분쟁에서 우리가 독도를 지킬 수 있는 길이라 여겨진다. 그런 관점에서 우리의 역사였고 앞으로도 우리의 역사인 독도가 가지고 있는 많은 것들에 대해 명확하게 인식해야 할 것이다.

가. 옛 기록 속의 독도

독도와 관련되어 남아 있는 역사적 기록은 다양한 역사서에 기록되어 있다. 우선 정규 역사기록으로 포함되는 대표적 역사서인 『삼국사기』, 『고려사』, 『조선왕조실록』 위주로 살펴보고자 한다.

1) 『삼국사기』
『삼국사기』는 1145년(인종 23년) 김부식 등이 왕의 명령을 받아 편찬한 역사서이며,

현재 남아 있는 가장 오래된 역사서이다. 『삼국사기』는 현존하는 가장 오래된 역사서임에도 독도에 대한 기록이 등장하는 첫 역사서이다. 그만큼 독도는 우리의 영토로서 오랫동안 존재해 왔다는 것을 알 수 있다.

『삼국사기』 4권, 신라본기4, 지증왕 13년 6월조

> 13년(512) 여름 6월에 우산국이 항복하여 해마다 토산물을 바쳤다. 우산국은 명주(溟州)의 정동쪽 바다에 있는 섬으로 혹은 울릉도라고도 한다. 땅은 사방 100리인데, 지세가 험한 것을 믿고 항복하지 않았다. 이찬 이사부(異斯夫)가 하슬라주(何瑟羅州) 군주가 되어 말하기를 "우산국 사람은 어리석고도 사나워서 힘으로 복속시키기는 어려우나 꾀로는 복속시킬 수 있다"하고, 이에 나무 사자를 많이 만들어 전함에 나누어 싣고 그 나라 해안에 이르러 거짓으로 "너희가 만약 항복하지 않으면 이 사나운 짐승을 풀어 밟아 죽이겠다"고 말하자 그 나라 사람들이 두려워 곧 항복하였다.

이 기록에서 볼 수 있듯이, 우산국은 당시 울릉도를 주 활동무대로 하는 국가였지만 독도는 울릉도에서 가시거리 안에 존재할 정도로 울릉도와 가깝기 때문에 울릉도는 우산국 사람들의 생활권이었다고 볼 수 있다. 이렇듯 『삼국사기』의 역사적 기록을 통해 독도는 신라 지증왕 13년인 512년에 우리의 역사 속으로 편입되었다는 것을 알 수 있다.

2) 『고려사』

『고려사』는 조선시대 때 편찬 완료된 고려에 대한 역사서이자 고려시대의 정치·경제·사회·문화 등과 관련된 내용을 기록한 책이다. 『고려사』에는 울릉도가 우릉도, 무릉도로 독도가 우산으로 표현되어 있다는 것이 특징이다. 독도의 명칭이 시기에 따라 변화하기 때문에 독도의 명칭을 시기에 따라 구분하여 이해하는 것이 필요하다. 『고려사』의 기록 중 독도와 관련된 것 2개를 선별하여 살펴보면 다음과 같다.

가) 『고려사』 1권, 세가1, 태조 13년 8월조 원문

병오년 930년(태조13년)에 우릉도에서 백길과 토두를 보내서 방물을 바쳤다. 이에 백길은 정위로 토두는 정조로 임명했다.

나) 『고려사』 58권, 지12, 지리3, 동계, 울진현

울진현은 본래 고구려의 우진이라는 현이었다. 신라의 경덕왕이 지금 이름으로 고쳐 군으로 삼았고 고려에서 현으로 격하시키고 영을 두었다. 울릉도가 있다[현의 정동쪽 바다 가운데에 있다. 신라 때 우산국이라 칭하고 무릉 또는 우릉이라고도 하였다. 지방이 1백 리이며 지증왕 12년에 항복하여 왔다. 태조 13년에 그 섬 사람 백길사두로 하여금 방물을 바치게 하였다. 의종 11년에 왕이 울릉도는 땅이 넓고 토지가 비옥하여 옛적에 주현을 두었으며 사람이 살 수 있다는 말을 듣고 명주도 감창 김유립을 보내어 가서 보게 하니 김유립이 돌아와 아뢰기를, "섬 가운데 큰 산이 있어 산정으로부터 동쪽으로 향해 가면 바다에까지 10,000여 보가 되고 서쪽으로 향해 가면 13,000여 보가 되고 남쪽으로 향해 가면 15,000여 보가 되며 북쪽으로 향해 가면 8,000여 보가 되며 촌락의 기지가 7개소 있으며 석불, 철종, 석탑이 있으며 시호, 호본, 석남초가 많이 나 있으나 바위가 많아 사람이 살 수 없다"고 하니 드디어 그 의론을 중지하였다. 혹은 말하기를, "우산도와 무릉도는 본래 두 섬으로 서로 거리가 멀지 않고 바람이 불고 날씨가 맑으면 바라볼 수 있다"고 한다.]

위의 자료들을 통해서 우산국은 이사부의 정벌 이후 신라에 귀속되었고, 신라가 멸망한 이후에도, 고려의 실질적 지배를 받았다는 것을 확인할 수 있다.

위에 언급한 2개의 사료 이외에도 『고려사』에는 현종 때 우산국에 농기구와 종자를 하사했고, 덕종 때 우릉도(울릉도) 성주가 아들을 보내 토산물을 바쳤다는 기록, 고려 고종 때 권형윤을 울릉도 안무사로 삼아서 울릉도 지역을 관할하고, 왜구들의 침략을 방비하려는 기록도 있다.

이렇듯 『고려사』에 있는 독도에 대한 많은 기록들을 통해, 신라가 멸망한 이후에도 울릉도와 독도는 여전히 고려의 실질적 통치를 받고 있었던 우리의 영토라는 것을 확인할 수 있다. 이런 역사적 사실들은 일본의 독도 영유권 주장에 맞선 역사적 증거로서 활용될 수 있을 것이다.

3) 조선

조선시기 독도에 대한 언급이 들어가 있는 역사서와 지리서의 종류는 삼국과 고려의 역사서에 비해서 다양하고 풍부하다. 독도가 우리의 역사임을 보다 확실하게 이해하고 명백하게 정리할 수 있는 많은 자료가 있다.

가) 『조선왕조실록』

『조선왕조실록』은 472년이라는 오랜 기간 동안 발생했던 많은 역사적 사실을 기록한 역사서이며, 조선이라는 나라를 이해할 때 가장 기본이 되고 중요시되는 책이다.

(1) 『조선왕조실록』32권 태종 16년 9월 2일조 원문

> 김인우를 무릉(武陵) 등지 안무사로 삼았다. 호조참판(戶曹參判) 박습(朴習)이 아뢰기를,
> "신이 일찍이 강원도 도관찰사로 있을 때에 들었는데, 무릉도(武陵島)의 주회(周回)가 7식(息)이고, 곁에 소도(小島)가 있고, 전지가 50여 결(結)이 되는데, 들어가는 길이 겨우 한 사람이 통행하고 나란히 가지는 못한다고 합니다. 옛날에 방지용(方之用)이란 자가 있어 15가(家)를 거느리고 입거(入居)하여 혹은 때로는 가왜(假倭)3962) 로서 도둑질을 하였다고 합니다. 그 섬을 아는 자가 삼척(三陟)에 있으니, 청컨대, 그 사람을 시켜서 가서 보게 하소서."
> 하니, 임금이 옳다고 여기어 삼척 사람 전 만호(萬戶) 김인우(金麟雨)를 불러 무릉도의 일을 물었다. 김인우가 말하기를,
> "삼척 사람 이만(李萬)이 일찍이 무릉(武陵)에 갔다가 돌아와서 그 섬의 일을 자세히 압니다" 하니, 곧 이만을 불렀다. 김인우가 또 아뢰기를,
> "무릉도가 멀리 바다 가운데에 있어 사람이 서로 통하지 못하기 때문에 군역(軍役)을 피하는 자가 혹 도망하여 들어갑니다. 만일 이 섬에 주접(住接)하는 사람이 많으면 왜적이 끝내는 반드시 들어와 도둑질하여, 이로 인하여 강원도를 침노할 것입니다."
> 하였다. 임금이 옳게 여기어 김인우를 무릉 등지 안무사로 삼고 이만(李萬)을 반인(伴人)으로 삼아, 병선(兵船) 2척, 초공(抄工) 2명, 인해(引海) 2명, 화통(火通)·화약(火藥)과 양식을 주어 그 섬에 가서 그 두목(頭目)에게 일러서 오게 하고, 김인우와 이만에게 옷[衣]·입(笠)·화(靴)를 주었다.

(2) 『세종실록』 지리지 원문

> 우산(于山)과 무릉(武陵) 2섬이 현의 정동(正東) 해중(海中)에 있다. 2섬이 서로 거리가 멀지 아니하여, 날씨가 맑으면 가히 바라볼 수 있다. 신라 때에 우산국(于山國) 또는 울릉도(鬱陵島)라 하였는데, 지방(地方)이 1백 리이며 (이하 생략)

위 기록들에서 알 수 있듯이, 조선 초기에도 여전히 울릉도와 독도 지역에 대해서 조선 정부가 철저히 관리·감독하고 있음을 잘 알 수 있다. 즉 삼국시대와 고려시대를 거치면서 조선으로 국가가 변경되었음에도 여전히 울릉도와 독도가 조선의 영토로서 인식되고 있었다는 것을 잘 보여준다.

나) 『신증동국여지승람』

『신증동국여지승람』은 조선 초기 편찬되었던 『동국여지승람』을 수정하여 편찬한 관찬지리서이며, 지리적인 부분은 물론 정치·경제·사회·문화 등 지역의 다방면에 걸친 종합적 정보가 들어 있는 백과사전식 서적이다.

> 우산도(于山島)·울릉도(鬱陵島) 무릉(武陵)이라고도 하고, 우릉(羽陵)이라고도 한다. 두 섬이 고을 바로 동쪽 바다 가운데 있다. 세 봉우리가 곧게 솟아 하늘에 닿았는데 남쪽 봉우리가 약간 낮다. 바람과 날씨가 청명하면 봉우리 머리의 수목과 산 밑의 모래톱을 역력히 볼 수 있으며 순풍이면 이틀에 갈 수 있다. 일설에는 우산·울릉이 원래 한 섬으로서 지방이 백 리라고 한다.

『세종실록』의 지리지와 『신증동국여지승람』에 실린 이 내용이야말로 독도와 관련된 가장 핵심적인 내용이 들어 있는 것이라 할 수 있다. '우산도와 무릉도 두 개의 섬이 나누어져 있다'는 내용에서 조선이 울릉도와 독도를 명확히 구별하여 인식하였다는 것을 잘 알 수 있다.

이는 일본이 독도에 대해서 자신들이 영유권을 가지고 있었다는 주장에 정면으로 반박할 수 있는 아주 중요한 역사적 증거이자 논리가 될 수 있다. 또한 『세종실록지리지』와 『신증동국여지승람』에는 『삼국사기』에 나와 있던 기록인 이사부가 우산국을 정벌한 것들이 마찬가지로 기록되어 있다. 이것은 울릉도와 독도가 삼국시대 이래 조선시대까지 우리의 영토로 관리되고 있었다는 것을 잘 보여주는 것이다.

다)『만기요람』: 19세기 편찬된 조선왕조의 재정과 군정에 대한 책

> 울릉도와 우산도는 모두 우산국 땅이며, 우산국은 왜인들이 말하는 송도이다.

『만기요람』을 보면 울릉도와 우산국이 우산국 땅임을 명확히 밝히고 있으며, 이를 통해 신라가 우산국을 정벌한 이후 울릉도와 독도가 우리 땅임을 보여주고 있으며 우산도, 즉 독도의 위치를 울릉도와 구별해서 서술함으로써 조선시대 때 독도를 명확히 인식하고 있음을 잘 보여주고 있다. 이런 내용은『만기요람』뿐 아니라『동국문헌비고』나『증보문헌비고』에도 수록되어 있다.

라) 여러 고지도

(1) 팔도총도
팔도총도는『신증동국여지승람』에 수록되어 있는 지도로서, 독도와 울릉도를 구분하여 지도에 표시하였고 독도를 우산도로 표현하였다.

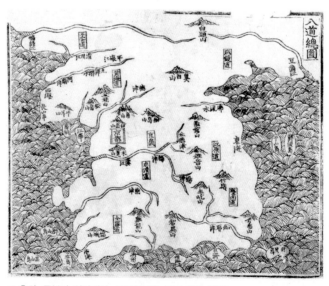

* 출처: 동북아 역사재단, 고등학생용 독도 바로 알기

(2) 동국지도

이 지도는 조선 영조 시기 정상기가 제작한 지도로서, 최초로 축척이 표시된 지도이다. 또한 각 도별로 채색을 달리하였으며, 산과 하천 등도 색을 달리하여 만든 시각적으로 우수하게 만든 지도이다. 팔도총도와 마찬가지로 독도와 울릉도를 구분하여 그렸고 독도를 우산도로 표현하였다.

(3) 해좌전도

이 지도는 19세기 중반경에 제작된 것으로 추정되는 전도로서, 유명산의 위치와 산수에 대한 설명 등이 기록되어 있다. 또한 우산도(독도)를 울릉도의 부속도서로 그리고 있다.

* 출처: 동북아역사재단,
  고등학생용 독도 바로 알기

지금까지 독도와 관련된 대표적인 사료들 위주로 독도가 우리의 땅임을 살펴보았다. 삼국시대부터 독도는 우리 민족과 함께해 온 우리의 영토였고, 그 이후에도 여러 왕조의 흥망에도 굴하지 않고, 독도는 계속 우리의 영토로 존재해 왔음을 알 수 있었다. 이 밖에도 조선 후기 문신이었던 박세당이 울릉도와 독도를 분명히 구분하였고, 조선 후기의 신경준이 지은 『강계고』에도 울릉도와 독도를 명확하게 구분하고 있다. 독도가 우리의 땅이라는 역사적 증거는 수없이 많다. 우리의 선조들은 독도에 대해서 애정을 가지고, 독도와 관련한 여러 가지 많은 역사적 기록과 지리적 기록들을 남겨두었다. 하지만 이런 것들에 대한 교육은 제대로 이루어지고 있지 않는 상황이다. 이런 역사적 사실들이 학생들에게 분명히 교육이 된다면, 학생들 스스

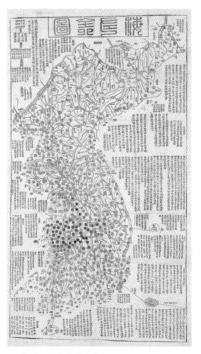

* 출처: 동북아역사재단,
  고등학생용 독도 바로 알기

로가 독도가 우리의 땅이라는 자각을 가지고, 독도에 대한 문제의식을 키울 수 있을 것이며 일본의 독도 침탈 야욕에 대해서도 충분히 물리칠 수 있을 것이다.

나. 과거부터 현재까지 독도를 지킨 사람들

우리의 영토인 독도가 삼국시대부터 우리의 영토에 편입되고, 그 이후 계속 우리의 영토로 계속 유지될 수 있었던 것은 독도에 많은 애정과 노력을 기울였던 많은 분들이 존재하고 있기 때문일 것이다. 그분들의 업적과 활동을 바르게 평가하고 기억하는 것이 우리의 영토인 독도를 지키기 위해 가장 우선해야 할 것이다.

1) 이사부

독도에 대한 옛 기록 '『삼국사기』 4권, 신라본기4, 지증왕 13년 6월조 원문'에서 살펴봤듯이 이사부는 지증왕 시기 우산국을 정벌하여 독도를 우리의 영토로 포함시켰다. 물론 이사부는 신라의 관리로서 왕의 명령을 받아 이를 수행한 것에 불과할 수도 있지만, 독도를 우리의 품에 안겼다는 점에서 결코 잊어서는 안 되는 이름일 것이다. 현재 강원도에서는 이런 이사부의 활약과 업적을 기리기 위해서 이사부 사자공원을 건립하고 다양한 역사체험활동 및 문화활동을 병행하고 있으며, 국가적 차원에서도 이사부 장군의 표준영정을 제작하여 보급함으로써 이사부 장군을 국민들에게 널리 알리고 있는 실정이다.

2) 안용복

안용복에 대한 출생 및 신분에 대한 명확한 기록은 남아 있지 않다. 안용복과 관련된 우리의 역사서 기록은 『조선왕조실록－숙종실록』, 『승정원일기』, 『동국문헌비고』, 『성호사설』 등에 수록되어 있다.

안용복은 1693년(숙종 19) 동래 어민 40여 명과 울릉도에 고기를 잡으러 나갔다 울릉도에서 고기를 잡던 일본인과 다툼을 벌이다가 박어둔과 함께 일본으로 납치되어 갔다.

안용복은 오키 섬으로 끌려갔지만 오키 섬 태수에게 울릉도와 독도가 조선의 땅이라고 주장했고, 이후 오키 섬 태수는 이것에 대해 막부에 대해서 질의를 했고, 막부는 "울릉도는 일본의 영토가 아니다"라는 내용의 외교문서인 서계를 작성해서 안용복에게 주었다. 이후 안용복은 나가사키와 대마도를 거쳐 부산으로 돌아오게 되었다.

하지만 안용복은 조선으로 돌아와 커다란 포상을 받는 것이 아니라 오히려 허가 없이 국경을 넘었다고 해서 곤장을 맞는 처벌을 받게 된다. 하지만 이후 이러한 안용복의 활동 때문에 울릉도와 독도에 대해서, 조선 정부는 이전과는 달리 적극적 대응을 하기 시작하였고, 1696년(숙종 22) 일본막부는 울릉도와 독도를 조선의 영토로 인정하고, 일본 어민들의 어업활동을 금지하기로 하였다. 안용복의 작지만 큰 활동에 의해서, 울릉도와 독도가 조선 땅임이 일본 정부에 의해 인정되는 큰 결과를 가져오게 된 것이다.

[참고] 안용복의 2차 도일(1696년)

1696년 일본 막부가 울릉도와 독도 주변에서 일본어민들의 어업을 금지했음에도 대마도주가 제대로 서계(외교문서)를 처리하지 않았기 때문에, 울릉도와 독도 주변에 일본어민들이 여전히 불법 어업을 하고 있었다.

안용복은 이를 직접 처리하기 위해서 관리로 사칭하고 일본으로 건너가 일본 오키 섬 태수에게 이를 항의하여 사과를 받았고, 막부에 항의하는 문서를 제출하게 된다. 이후 상급 기관인 돗토리성에 가서 재차 항의하였고, 돗토리성의 성주는 안용복을 아오시마 섬에 유폐하였다. 결국 안용복은 에도 막부에 의해서 강제 출국되었고, 조선에 귀국한 이후에는 관리를 사칭하고 자발적으로 국경을 넘었다고 해서 한양으로 이송되어 비변사에 구금되어 심문을 당하게 되었고, 이와 관련된 기록이『조선왕조실록』숙종 편에 남아 있어 현재도 확인할 수 있다.

이렇듯 안용복은 조선의 일개 백성임에도 조선의 영토인 울릉도와 독도를 지키기 위해서 자신의 목숨을 아끼지 않고, 적극적인 활동을 펼쳤던 인물이다. 그리고 이러한 안용복의 활동으로 인해 울릉도와 독도가 조선의 땅임을 인정받기까지 했다.

하지만 이러한 안용복의 업적에 대해서 아직도 많은 사람들은 제대로 알지 못하고, 알고 있더라도 단편적인 역사적 사실에 대해서만 알고 있는 상황이다.

독도를 수호한 인물이라는 것을 넘어, 우리의 영토를 지켰던 영토의 수호자로서 안용복에 대한 가치는, 일본에 대한 독도 침탈 야욕이 심해지는 요즈음 더욱 높이 평가되어야 할 것이다.

3) 홍순칠과 독도의용수비대

홍순칠은 1929년 1월 23일 경상북도 울릉군에서 출생한 인물로 6 · 25전쟁이 끝나고

전역 후 고향 울릉도에서 1953년 4월 20일 홍순칠과 군인 20명, 주민 12명으로 독도의
용수비대를 결성하였다. 이 시기는 일본이 독도에 대한 침략 야욕을 끊임없이 드러내던
시기였으며, 일본의 군함과 어선이 자주 출몰했다.

　이런 일본의 야욕에 대항하여, 이들은 민간인의 신분이었음에도 독도를 지키기 위해
서 자발적으로 독자적인 비용을 마련하여 소총과 박격포 등의 무기를 마련하였다. 비록
일본에 비하면 초라한 무기였으나, 정부의 지원이 없었던 상황에서 이런 무기까지 사서
독도 수호 의지를 표현한 것은 실로 대단한 것이라고 평가할 수 있다. 이들은 1956년
경찰에 독도 경비 업무를 이관시키기 전까지, 독도 근처에 출몰했던 일본군 군함과 비행
기 등을 격퇴하고, 1953년 8월 5일에는 독도의 동도(東島) 바위 벽에 독도가 대한민국 영
토임을 밝히는 '한국령(韓國領)'을 새겨 넣는 등 약 4년 동안 일본의 침략야욕으로부터
독도를 철저히 지키고, 독도의 자주국권을 수호하였다.

* 출처: 동북아역사재단, 고등학생용 독도 바로 알기

　울릉도로 돌아간 이후에도 홍순칠은 독도의용수비대 동지회 회장으로 활동하였으며,
독도에서 1966년 9월 식수를 발견하여 수조 탱크를 설치하고 독도 근해에 출어하는 어

민들이 이용하도록 하였고, 또한 독도 정상에 대형 태극기를 설치하기도 하였다.

홍순칠 등 독도의용수비대의 이런 놀라운 공적에도 불구하고 그들의 이름과 활약상은 우리에게 많이 알려지지 않은 편이다. 그만큼 우리는 그들을 잊었고, 그렇기 때문에 독도도 일본의 침략 야욕 위기에 처해지지 않았나 싶다. 이사부, 안용복의 활약에 비해 결코 뒤처지지 않았던 그들의 숭고한 애국정신은 반드시 기억해야 할 이름 중에 하나일 것이다.

4) 독도주민(최종덕 선생, 김성도 선생 등)

독도는 비록 우리 땅이긴 하지만 일반인들이 거주하고 생활하기는 결코 쉽지 않은 땅이다. 그렇기 때문에 독도는 무인도로 오랜 기간 동안 남겨져 있었다.

하지만 1980년 일본이 독도 영유권을 주장하고 나오자, 최종덕 씨는 일본의 독도영유권 주장에 맞서 1981년 단 한 명이라도 독도에 살고 있다는 증거를 남기겠다며 독도로 주민등록을 옮기게 되고, 독도 최초의 주민이 된다. 이후 최종덕 씨는 독도의 척박한 자연환경에도 불구하고, 선착장과 집 등을 만들며, 독도를 우리나라 사람이 거주하는 유인도로 만들었다. 이후 최종덕 선생의 뜻을 이어받아, 김성도 씨 부부 등 몇 분께서 독도로 주민등록을 옮기고 생활을 하고 있다. 이것은 정말 굳은 의지와 독도에 대한 사랑이 아니면 실행하기 어려운 것이다.

이런 관점에서 독도를 유인도화하고, 우리의 생활터전으로 만들고 있는 독도 주민에 대한 감사와 위로의 마음을 잊지 않아야 할 것이다.

5) 반크(VANK)

반크(VANK)는 영문 'Voluntary Agency Network of Korea'의 약자로 전 세계 해외 네티즌에게 한국을 바로 알리기 위해 1999년에 만들어진 단체이다.

사이버 관광 가이드이자 사이버외교사절단으로 현재 수많은 사이버외교사절들이 세계에 우리나라를 알리는 데 앞장서고 있다. 현재는 동해 혹은 독도(표기)를 되찾은 단체로 많이 알려져 있다.

지난 10년 동안 월드뱅크, CIA, 내셔널 지오그래픽, 국제식량기구, 프랑스 대통령 홈페이지, 캐나다 외무부 사이트 등에서 독도, 동해 표기를 바로잡고 우리나라 역사에 대해서 잘못 표기한 내용을 시정해 왔다. 또한, 외국 교과서나 외국 방송에서 우리나라 역사, 동해, 독도를 잘못 표기한 것에 대해서도 시정활동을 벌였으며, 현재는 이러한 오류 시정 성과들을 기반으로 올바른 자료가 해외에 퍼질 수 있도록 하는 한국홍보물 배포 사업을 하고 있다. '사이버 독도사관학교'를 개설하여 우리 역사와 독도를 지키는 데도 앞장서고 있다. 반크 외에도 현재까지 수많은 학술단체, 시민운동단체, 사이버 단체 등이 독도를 알리고 지키기 위해 노력하고 있다. 또한, 2003년 귀화한 일본인 호사카 유지 세종대 독도종합연구소 교수는 1990년대 후반에 독도에 대한 한일 간의 견해 차이를 크게 느껴 양국의 주장과 제시 자료들을 객관적인 입장으로 연구하기 시작했으며, 그 과정에서 일본 측 주장에는 왜곡과 자료은폐가 많다는 것을 간파, 이후 독도영유권문제에 있어 새로운 논리와 자료를 제시하고 있으며, 현재도 독도 연구 전반에 걸쳐 새로운 자료와 논리를 지속적으로 개발하고 있다.

다. 해방 후 한일 관계의 변화와 독도영유권

1945년 8월 15일 광복 이후, 36년간의 일제강점기가 막을 내리고 한국과 일본은 새로운 관계를 맞이하게 되었다. 하지만 그 이전 36년간 일제강점기에 변했던 많은 것을 원상복구시키는 데 있어서 한·일 간의 입장 차는 뚜렷했다. 특히 광복 이후부터 1965년 6월 22일 한·일 협정이 체결되기 이전까지 독도문제에 대해서 한국과 일본은 치열하게 대립하였다. 두 국가는 서로 자신들의 국가가 독도 영유권을 소유했다는 것을 강하게 내세웠다.

이런 비극은 도대체 어디서부터 출발한 것인가?

1) 샌프란시스코 강화조약(대일강화조약)

바로 이런 비극은 대일강화조약, 우리에게는 샌프란시스코 강화조약이라고 알려져 있는 조약이 맺어지면서 출발하게 된다. 샌프란시스코 조약(대일강화조약)은 1951년 연합국 48개국과 일본이 세계 제2차 대전을 종식시키기 위해 맺은 조약이다.

하지만 이런 좋은 의도에도 불구하고 샌프란시스코 강화조약에서 한국과 중국 등 전쟁의 직접 당사국은 초대받지 못하였다. 샌프란시스코 강화조약은 여러 차례 회의를 거듭하였고 처음 만들어진 5차례의 초안에는 모두 독도는 한국의 영토로 명시되어 있었다.

샌프란시스코 5차 초안 독도 관련 내용(1947년 3월 19일)

Japan hereby renounces in favor of the Korea all rights and titles to the Korean mainland territory and all offshore Korean islands, including Quelpart(Saishu To) the Nan How group(San To, or Komun Do) which forms Port hamilton(Tonaikai), Dagelet Island(Utsuryo To, or Matsu Shima), Liancourt Rocks(Takeshima).

[해석]

일본은 이에 의해서, 한국을 위해서 한국의 본토와 모든 연안에 있는 한국의 섬에 대한 모든 권리와 직함을 포기한다. 하지만 6차 초안부터 최종안까지 독도는 결국 한국의 영토로 명기되지 못한다. 이것을 근거로 일본은 여전히 독도를 자신의 땅이라고 주장한다.

하지만 5차 초안까지 한국 땅으로 표기되었던 독도는 6차 초안에 급작스럽게 일본의 영토로 표기가 된다. 이렇게 바뀌게 된 이유에는 도쿄의 주일 정치고문이었던 미국인 시볼트의 서한이 영향이 컸다. 시볼트는 1949년 11월 14일 미 국무장관에게 "독도(리앙쿠르 섬)에 대해서 다시 생각해 주길 바란다. 이 섬에 대한 일본의 영토 주장은 오래된 것이고, 정당하다. 또한, 그 섬에는 기상관측기지나 레이더기지를 세울 수 있다는 점에서 우리의 안보 이익과 일치한다"는 내용의 서한을 보내게 된다. 이 서한 이후 미국은 전략적, 군사적 목적으로 독도를 일본 영토로 간주하게 되고 이것은 6차 초안에 그대로 반영된다.

샌프란시스코 강화회의 6차 초안 독도 관련 내용(1949년 12월 14일)

The territory of Japan shall comprise the four principal japanese islands of honshun, kyushu, shikoku and Hokkaio and adjacent minor insland including of the Inland sea(seto Naikai); Tsushima, Takeshima(Liancourt Rocks).

[해석]

일본의 영토는 4개의 주요 섬인 혼슈, 규슈, 시코쿠, 홋카이도와 내해(세토 나카이)에 인접한 작은 섬인 스시마와 다케시마(리앙쿠르 섬) 등으로 구성된다.

하지만 미국의 이러한 태도 변화는 여러 연합국의 반발을 사게 되고 결과적으로 최종 안에서는 독도에 대한 것이 생략되었다.

샌프란시스코 강화조약 최종안 독도 관련 내용(일부 발췌)

> Japan recognizing the independence of Korea, renounces all right, title and claim to Korea, including the islands of Quelpart, Port Hamilton and Dagelet.

[해석]

일본은 한국의 독립을 승인하며 제주도(Quelpart), 거문도(Port Hamilton), 울릉도(Dagelet) 를 포함한 한국에 관한 모든 권리와 권한, 청구권을 포기한다.

결론

샌프란시스코 강화조약의 변화과정을 살펴보았지만 독도와 관련한 비극의 시작은 바로 여기서 출발하였다. 5차 초안까지 유지되었던 독도에 대한 내용이 그대로 유지되었다면 좋았겠지만, 당시 약소국의 위치에 놓여 있던 한국이 국제사회의 정치, 외교무대에서 할 수 있는 역할은 한계가 있을 수밖에 없었다. 6차 초안에는 독도가 일본의 영토로 기록되어 있었지만 결국 위에서 언급했던 것처럼 샌프란시스코 강화조약의 최종본에서는 독도에 대한 언급이 빠져 있다. 이것이 일본이 독도가 자신들의 땅이라고 주장하는 주요한 근거 중에 하나이다. 하지만 이 샌프란시스코 조약은 그 자체가 다음과 같은 한계를 가지고 있다.

첫째, 샌프란시스코 강화조약은 기본적으로 연합국의 합의가 원칙이었지만 그 당시 연합국 측이었던 미국과 영국의 의견이 일치하지 않았다는 것, 또한 소련도 참가는 했지만 조약에는 서명하지 않았다는 점이다.

둘째, 일본은 샌프란시스코 대일강화조약(1951년 9월 8일 체결, 1952년 4월 28일 발효)에서 일본이 포기해야 할 섬으로 제주도, 거문도, 울릉도만 열거되어 있기 때문에, 즉 최종조약의 내용에서 독도가 빠져 있으므로 독도는 일본 땅이라고 주장하고 있다. 그러나 위의 조약 해당조문과 같이 샌프란시스코 조약은 한반도 주변 약 4,000개의 섬 중에서 주요한 3개 섬을 예시한 것에 불과한 것이기 때문에, 그런 관점에서 보면, 독도가 자신들의 땅이라고 주장하는 일본의 입장은 일고의 가치도 없는 것이다.

따라서 샌프란시스코 조약은 일본의 독도영유권 주장의 근거가 될 수 없는 것이다.

2) 샌프란시스코 조약 이후 양국의 대립 격화(이승만의 평화선 선언)

샌프란시스코 강화조약 이후 일본은 이 조약을 기준으로 독도는 자신들의 땅이라고 주장하였고, 일본 어선들과 일본의 군함들은 국내 영해까지 들어와서 불법어업·조업을 하고, 독도 주변에 대한 자원 약탈 및 탐사를 감행하였다. 이승만 정권은 이에 대항하여 1952년 1월 18일 '평화선 선언(이승만 라인)'을 선포함으로써 독도와 그 주변 영해가 한국령임을 선포하였다. 한국전쟁 상황임에도 이런 평화선 선언을 한 것은 위급한 상황이라도 결국 한국의 주권은 어떤 상황이든지 국가 스스로 지켜야 한다는 것을 보여 준 것이었다. 비록 이승만 대통령의 평화선 선언은 독도 주권 수호가 주목적이 아니라 국내 어업의 보호가 1차 목적이긴 하지만, 독도와 관련된 평화선을 선언함으로써 독도에 대한 영유권 선언을 분명히 했다는 점에서 일본에게 독도가 대한민국의 영토임을 분명히 한 것이라 할 수 있다.

평화선 선언과 관련된 주요 내용

첫째, 대한민국은 한반도의 인접해역과 연해안의 상하에 현존하거나 혹은 장래에 발견될 광물, 해산물 등 모든 자연자원을 보호·개발하기 위하여 국가의 주권을 보전하며 또 행사한다.

둘째, 대한민국 정부는 멸종될 우려가 있는 자원이 남획·감소·황폐되어 한국과 그 국민에게 손해를 끼치게 되는 것을 방지하기 위하여 동 수역 내의 모든 자원과 이에 관련된 수산물을 정부의 감독·관리하에 둔다.

셋째, 대한민국은 새로운 발견, 연구 혹은 이익 등 장래에 발생하는 새로운 정세에 맞추어 보호수역의 경계선을 수정할 수 있다.

넷째, 이 선언은 공해상의 자유항해권을 방해하지 않는다.

3) 독도에 대한 분쟁 완화[한일기본조약(한일협정)을 기점으로 1990년대까지]]

한일기본조약(한일협정)을 체결하면서 이전에 일촉즉발의 상황까지 대립되었던 한국과 일본의 상황은 많이 바뀌게 된다. 1965년 한일협정을 맺는 과정에서 가장 중요한 쟁

점으로 다가왔던 것이 바로 독도 문제였다. 일본은 한일협정에서 독도를 분쟁지역화 하기를 희망하였으나 우리 정부의 입장은 단호했다. 결국 이런 상황에서 물러선 쪽은 일본이었다.

1965년 맺어진 한일 기본조약에서 독도는 분쟁지역이 되지 않았고, 이것은 독도를 실효적 지배하고 있던 한국 측의 입장을 일본도 인정했던 것이다. 즉, 독도는 한·일 기본조약에서 이미 일본이 포기한 것이다. 한·일 기본조약이 맺어진 이후 독도에 대한 영유권 논쟁이 어느 정도 수면 아래로 가라앉게 된다. 한국의 독도영유권이 어느 정도 인정되는 상황으로 전개되게 된다. 이후 한국의 독도에 대한 실효적 지배는 더욱더 강화되었다. 1968년 독도를 국유지로 등록하였고, 1972년에는 등대를 세웠으며, 1970년대에는 독도에 대한 여러 차례의 종합적인 학술조사활동도 벌어졌다. 그리고 이 시기에 드디어 무인도였던 독도에 최초의 주민이었던 최종덕 씨가 거주하는 등 대한민국 영토로서 독도는 활기를 띠게 된다.

4) 독도에 대한 일본의 야욕(1990년대부터 현재)

현재까지도 일본의 독도에 대한 탐욕은 끊이질 않고 있다.

지난 2010년 '독도가 일본 땅'이라고 기술한 초등 교과서 5종을 검정에 통과시켰고, 2011년에는 중학 교과서 12종, 2012년에는 고등학교 사회과 교과서 39종 중 21종을 검정에 통과시켰다. 교과서라는 합법적 수단을 통해 미래 세대에게 독도가 일본 영토라는 교육을 체계적으로 하고 있는 것이다.

지난해 7월부터 일본 공무원의 대한항공 이용 자제, 8월에는 일본 의원들의 울릉도 입국 시도, 외교백서에서의 독도 관련 표기 강화, 다케시마 행사 개최, 우리 외교백서에 대한 비난, 독도문제 국제사법재판소 제소를 거론하는 등 수없이 많은 일들이 현재 계속해서 벌어지고 있다.

5) 우리 정부의 대응

최근 우리 정부는 그동안 일본의 끊임없는 독도침탈에 대해 기존의 '조용한 외교'를 배제하고 강력하고 적극적인 외교로 선회할 것을 공식화했다.

외교부는 일본의 국수적인 우익 관리들에 의해 대다수의 일본인들이 역사를 바로 인식하지 못하고 호도당하고 있다는 점을 중시, 일본 정부의 온당치 못한 처사엔 강력하게 대응하되 대화와 공존, 그리고 공생 및 번영을 모색하는 것이 한국 정부의 입장이라고 밝혔다.

또한, 우리 정부의 독도대응방식이 바뀌게 된 것에 대해, 일본이 도발을 하면서도 평화적으로 애쓰려는 반면, 한국은 도발을 당하면서 평화적인 방법을 외면하는 그런 시각으로 세계에 비치는 것을 개선할 필요가 있다고 밝혔다.

과거 조용한 외교를 고집한 것은 실효 지배하는 독도에 대해 불필요한 대응으로 세계가 주목하지 않도록 하는 게 유리하다는 판단을 했기 때문이다. 우리 정부가 독도에 대한 자료가 부족하거나 준비가 덜 된 것은 아니고, 다만 완벽하고 확실하게 하기 위해서 제소를 미루고 있을 뿐이다.

라. 독도의 지리적인 특징과 주변국가와의 관계

1) 독도의 지리적 특징

가) 독도의 형성과정과 해저지형

독도는 화산섬이다. 우리나라의 화산 지형은 제주도, 백두산, 개마고원, 철원~평강, 신계~곡산, 울릉도, 독도가 있는데, 이는 모두 신생대 제3기 말에서 제4기 초에 걸쳐 나타난 화산활동의 결과물이다. 이 중 독도는 규모가 작기에 울릉도나 제주도, 백두산보다 형성 시기가 더 오래되지 않았을 것이라고 보통 생각하지만, 독도는 이 중 가장 큰 형님뻘이다.

독도는 신생대 3기 플라이오세 전기, 약 450만 년 전부터 생성되기 시작했다. 450만 년 전부터 250만 년 전까지 네 번의 화산 분출이 있었던 것으로 추정되며 이를 통해 해저 화산에서 점차 수면 위로 높이를 더하게 되었다.

독도는 독도 본섬 이외에 바닷속에 3개의 해산을 가지고 있으며 이는 각각 안용복 해산, 심흥택 해산, 이사부 해산이라고 명명되었다. 독도 및 수심 2,400m까지 지역을 포함하는 독도 해산의 해저지형은 수심 약 200m까지는 거의 평탄한 파식대지를 형성하고 있으며, 정상부의 폭은 13km에 달한다. 파식대지는 암석의 질이나 구조의 변화가 거의 없이 일정한 지역에서 잘 발달되며, 원래는 울릉도보다 더 컸을 것으로 추정되는 독도의 해안 절벽부가 파랑의 침식작용으로 후퇴하면서 형성된 것이다. 독도는 이 파식대지에서 남쪽으로 약간 치우쳐져 있으며 화구륜(火口輪)의 일부로 해석되고 있다. 독도 해산의 수심 200~1,400m는 경사도가 급격하게 깊어지며, 그로부터 2,000m까지는 다시 완만한 경사를 보인다.

해산 정상부의 경사도는 수심 200~60m까지 매우 완만하고 평탄한 지형을 이루고 있으며, 그 가운데 동도와 서도가 수면 위로 올라와 있는 형태이다. 독도의 기저부는 수심 약 2,100m 부근이며 그 외곽은 울릉 분지와 울릉 분지 간 평원 쪽으로 2,400m까지 내려갈 때까지는 서서히 깊어진다. 독도 해산의 기저부는 폭이 약 35km이며, 상부에서 기저부까지의 전체 높이는 1,800m 정도의 형태를 띠고 있다. 독도 해산의 주변에는 많은 해저곡들이 형성되어 있으며, 이 해저곡들은 심해의 분지로 연결된다.

독도 가장 가까운 연안 지역인 반경 1km 이내 지역의 수심 분포를 보면 동도와 서도를 중심으로 인접 해저는 10m 이내로 매우 얕은 수심을 보이며, 노출암이나 수중 돌출암 등이 불규칙하게 존재하고 있다. 이러한 노출암, 간출암 및 수중 암초는 특히 서도의 남서 인접 해저에서 가장 빈번히 발달되었다.

나) 독도의 위치와 면적

대한민국의 최동단, 대한민국에서 해가 가장 빨리 떠오르는 곳, 독도는 대한민국 본토 죽변에서 216.8km, 울릉도와 87.4km 떨어져 있으며, 이는 맑은 날 울릉도에서 육안으로 관찰이 가능할 정도로 가까운 위치이다. 일본에서 독도와 가장 가까운 오키 섬과의 거리는 157.5km로 육안으로 독도의 관찰이 불가능하며 울릉도와 독도 사이의 거리보다 70km나 더 멀리 위치하고 있다.

독도는 동도와 서도 2개의 큰 섬과 주위 89개의 바위로 구성이 되어 있으며, 동도와 서도의 최단거리는 151m이다. 우리가 잘 알고 있는 독도경비대와 독도등대, 선착장은 동도에 위치하고 있으며 서도에는 주민 숙소가 위치하고 있다. 동도는 높이 98.6m, 둘레 2.8km, 면적 73,297㎡이며 가운데가 바다까지 푹 꺼진(천장굴) 형상을 띠고 있다. 서도는 높이 168.5m, 둘레 2.6km, 면적 88,639㎡이며 가파른 산봉우리와 같은 형상을 하고 있다.

다) 독도의 기후

독도는 연평균기온이 12°C, 최한월인 1월 평균기온이 1°C, 최난월인 8월 평균기온이 23°C로 비교적 온난한 기온을 가지고 있다. 연평균 풍속은 4.3m/s로 바람이 많은 편이고 센 편에 속한다. 독도는 안개가 많고 강수일수도 많은 편이어서 연중 85%가 흐린 날로 맑게 갠 날이 채 60일도 되지 않는다고 한다. 연평균 강수량은 1,240mm이며 울릉도와 마찬가지로 우리나라 대부분 지역과 다르게 연중 고른 강수분포를 보여 겨울철 강수량이 많은 편이다. 겨울철 강수는 대부분 강설의 형태로 내리며, 울릉도와 마찬가지로 다설지이다. 이를 종합적으로 보았을 때 해양성 기후를 띤다고 할 수 있으며 전체적인 기후 특성은 울릉도와 크게 다르지 않다.

2) 주변국가와의 관계

위에서 언급한 것과 같이 우리나라 이외에 독도에서 가장 가까이 위치한 국가인 일본에서는 근래에 들어 더욱 거세게 독도의 소유권을 주장하고 있다. 여러 가지 역사적 근거자료를 준비하였을 뿐 아니라 행정상으로도 많은 준비를 하고 있으며, 최근에 들어서는 일본 자국민에 대한 홍보는 물론이거니와 왜곡된 역사적 사실이 수록된 독도홍보자료를 10개 국어로 번역하여 주변 국가 및 전 세계에 배포하는 등 대외적인 홍보 또한 늘리고 있는 상황이다. 이러한 일본의 전략에 맞서 대한민국이 해야 할 독도에 대한 전략은 해외 국가에 대한 홍보 및 자국민에 대한 역사교육 강화 등의 여러 측면에서의 대비도 필요하겠지만, 한반도 주변국가와의 관계를 공고히 하는 것 또한 필수적이다.

독도 문제는 단순한 한국과 일본의 문제일 수도 있지만, 동아시아 전체 문제라고도 할 수 있다. 일본은 오래전부터 동아시아 주변의 여러 국가와 많은 영토분쟁을 벌이고 있다.

일본의 영토 분쟁지역을 표시한 지도를 보면 일본은 한국과의 독도 영토분쟁뿐 아니라, 쿠릴열도(북방 4개 섬)를 둘러싼 러시아와의 영토 분쟁, 댜오위다오(일본명 센카쿠열도)를 둘러싼 중국과의 영토 분쟁도 하고 있다. 결국 일본의 이런 무차별적인 영토분쟁은 각 나라의 개별적 대응으로 해결하기보다는 관련 국가인 한국, 중국, 러시아의 공조를 통해 대응하는 것이 보다 효과적인 결과를 가져올 것이다.

일본의 이러한 영토 침탈 야욕을 그대로 놔두는 것은 동북아시아, 더 나아가 세계의 번영과 발전을 저해하는 것이기 때문에, 세계 평화와 동북아시아의 발전을 위해서 일본의 그릇된 행위를 바로잡는 것은 꼭 필요한 일이다.

2. 독도의 인문환경

가. 옛 지도 속에서 만나는 독도

1) 들어가기

국가나 민간에서 발행한 지도는 인문적, 자연적 요소를 포괄하는 일정한 지역을 나타
낸 것으로 당시 사람들의 국토인식에 관한 수많은 정보를 담고 있다. 그중에서 고지도는
우리 조상들의 국토인식과 자연관이 반영되어 있으며 당시의 지리적 인식 수준과 정보
를 파악할 수 있음은 물론, 지도제작 기술 및 예술적 표현능력이 반영되어 있다. 따라서
국가에서 제작한 고지도는 우리 영토에 관한 가장 직접적이며 정확한 정보원이라 할 수
있다. 또한, 민간에서 제작한 고지도는 우리 조상들의 영토의식 및 국경의식을 보여주는
자료라 할 수 있다.

현재 독립된 형태의 고지도는 조선시대 이후에 제작된 것만 남아 있다. 그 이유는 고
려 말 원나라와의 오랜 전쟁으로 인해 소실된 것으로 판단되며, 남아 있는 지도들 대부
분은 조선 후기의 것이다. 이는 임진왜란과 병자호란 같은 대규모 전쟁을 통해 조선 초
제작된 많은 수의 문화유산들이 소실되었기 때문이다.

현존하는 동양 최고의 세계지도인 "혼일강리역대국도지도(混一疆理歷代國都之圖, 1402
년)"는 세계지도임에도 불구하고 울릉도가 그려져 있다. 또한, 18세기 민간에서 제작된
세계지도인 "천하대총일람지도(天下大總一覽之圖)"에는 울릉도뿐만 아니라 우산도(독도)까
지 명확하게 그려져 있다.

우리나라 전체를 대상으로 그린 지도를 "조선전도"라 부르는데, 이는 크게 두 가지로

나뉜다. 첫째, 국가에서 만든 지리지에 포함되어 있었으며 조선 후기까지 민간에서 지도를 만들 때 참고가 되었던 '동람도(東覽圖)'식 지도이다. 둘째, 국가에서 정확한 지도 제작을 목적으로 만들어진 "조선전도"이다.

2) '동람도'식 지도에 나타난 독도

'동람도'는 본래 지지(地誌)의 보조적인 기능을 하도록 삽입된 것으로 책의 규격에 맞도록 만든 간략한 지도이다. 1481년에 완성된 후 수차례 수정을 거쳐 1531년 간행된 『신증동국여지승람(新增東國輿地勝覽)』에는 조선전도인 "팔도총도(八道總圖)"와 8도(道)의 도별지도 등 9장의 지도가 수록되어 있는데, 이 지도의 설명에 '동람도'라고 쓰여 있어 이 유형의 지도를 '동람도'라 부르게 되었다. "팔도총도(八道總圖)"에는 위치가 정확하지는 않지만 울릉도와 우산도(독도)가 정확하게 그려져 있어 당시 두 섬의 존재를 분명히 인지하고 있었음을 알 수 있다.

그러나 일본은 "팔도총도(八道總圖)"에 우산도가 실제와 다르게 울릉도의 서쪽에 그려져 있기 때문에 독도는 존재하지 않는 가공의 섬이라고 주장한다. 그러나 이것은 당시지리 정보의 한계 때문이다. 일본의 이런 주장은 오키 섬의 위치가 부정확한 일본의 고지도를 근거로 오키 섬은 존재하지 않는 섬이라고 주장하는 것과 같은 잘못된 논리이다.

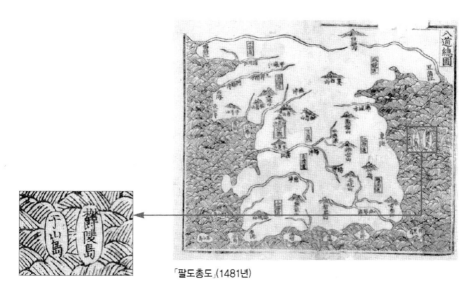

「팔도총도」(1481년)

* 출처: 동북아역사재단, 고등학생용 독도 바로 알기

『신증동국여지승람』 중 팔도총도

"팔도총도"의 영향은 조선 말기까지 이어져, 민간에서 제작된 '동람도'식 지도의 대부분에 우산도가 울릉도의 서쪽에 표시되어 있다. 그러나 당시 만들어진 지도에는 울릉도의 남쪽이나 북쪽에 우산도(독도)를 표시한 지도들도 함께 존재한다.

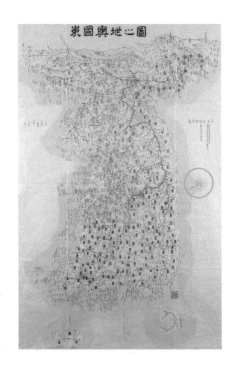

3) 조선 전기 조선전도 속에 나타난 독도

국가나 관청에서 제작, 사용했던 조선전도는 '동람도'식 지도에 비해 과학적 지도 제작 기법이 포함된 지도라 할 수 있다. 그러나 이 시기의 지도들은 현재 전해지지 않고 있다. 그러나 비슷한 유형의 지도로 보물 제481－3호 "동국여지지도(東國輿地之圖)"가 전해지고 있다. 이 지도는 공재 윤두서(尹斗緖, 1668~1725)가 그린 채색필사본 지도로, 한반도의 전체적인 윤곽이 조선 전기에서 후기로 옮겨가는 양식을 보여 준다. 이 지도에도 우산도(독도)가 분명하게 표시되어 있다.

4) 조선 후기 조선전도 속에 나타난 독도

조선 후기는 모든 분야에서 실학의 발달과 서학의 도입에 따라 사회변화가 크게 일어난 시기이다. 특히, 지도 제작 수준도 크게 발달하였는데, 이 중에서 가장 중요한 변화로는 대축척지도의 발달이다. 지도의 크기가 대형화됨에 따라 지도에 표시되는 내용이 자세하고 정확해졌으며 풍부해졌다. 그리고 지도 제작에 국가뿐 아니라 개인들도 상당히 정확한 지도를 제작했는데, 대표적인 인물로 농포자(農圃子) 정상기(鄭尙驥)와 고산자(古山子) 김정호(金正浩)가 있다.

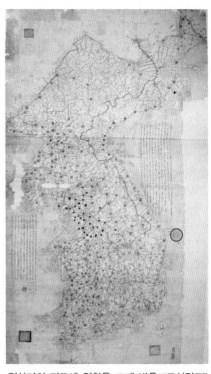

정상기의 지도에 영향을 크게 받은 "조선전도"

우리나라 지도학사에서 가장 중요한 인물은 김정호보다 1세기 앞선 시기에 활동했던 지리학자 정상기이다. 원래 정상기는 대형 전도, 일명 "동국대전도(東國大全圖)"를 먼저 제작하고 이를 나누어 "팔도분도(八道分圖)"를 제작하였다. 그렇기 때문에 여기서 말하는 정상기의 '동국지도'는 특정 지도를 가리키는 것이 아니고 정상기가 제작한 지도를 일반적으로 부르는 명칭으로 '동국대전도'와 '팔도분도'가 모두 포함되어 있다.

정상기는 백리척(百里尺)이라고 하는 축척을 사용하여 "동국지도(東國地圖)"를 제작하였다. 백리척은 1백 리를 1척으로 나타내는 축척 표기법이다. "동국지도(東國地圖)"는 그의 아들과 손자들에 의해 더욱 정교하고 발전된 지도로 개정되었다.

정상기의 "동국대전도"는 현재 전해지지 않고 있으며 이에 가장 가까운 "조선지도(朝鮮地圖)"를 국립중앙박물관에서 소장하고 있다.

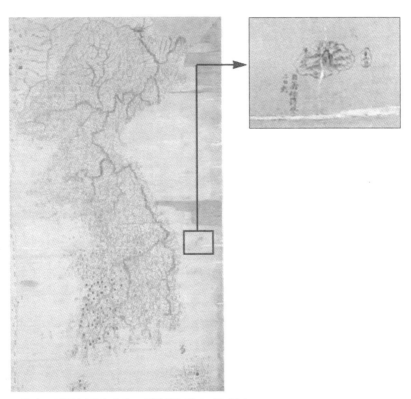

* 출처: 국립중앙박물관 소장, 고등학생용 독도 바로 알기
[내용] 영조 시대 정상기가 그린 "동국대전도(東國大全圖)"의 사본으로, 우산도(독도)가 울릉도의 동쪽에 그려져 있다. 현재 전해지는 조선 후기 조선전도의 경우 대부분 정상기의 지도를 참고로 한 것들이다.

동국대전도(東國大全圖)의 사본 조선지도(朝鮮地圖)

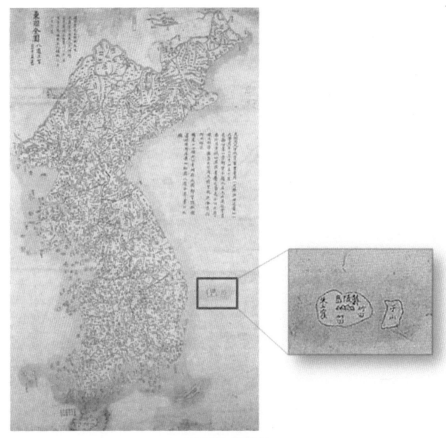

동국전도(東國全圖)

　과거 울릉도의 서쪽에 위치한 독도는 정상기의 지도에 이르러 울릉도의 동남쪽에 위치하여 표시되었다. 18세기 후반의 "조선전도(朝鮮全圖)"와 18세기 말 정조대에 만들어진 "여지도(輿地圖)"첩 중 "아국총도(我國總圖)"가 대표적인 예이다. 또한 정상기의 동국지도를 복제한 18세기 중엽의 "동국전도(東國全圖)", 19세기 중반 목판본으로 제작된 전도인 "해좌전도(海左全圖)"에도 독도의 위치가 올바르게 표시되어 있다. '해좌(海左)'는 조선을 가리키는 말로 중국에서 보면 조선이 바다 동쪽에 있는 것을 뜻한다. 지도의 윤곽과 내용은 정상기의 지도와 유사하다.

　또한, 이 당시 지도 속 울릉도와 독도의 경우 한반도에 상당히 근접하게 표현되어 있다. 이 사실을 거꾸로 생각해 본다면, 당시 사람들이 그만큼 울릉도와 독도를 실제 물리적 거리보다 훨씬 더 가깝게 인식했다는 것이며, 당연히 조선과 울릉도·독도 간 물자와 사람 간 교류가 상당히 많았을 것으로 추론할 수 있다.

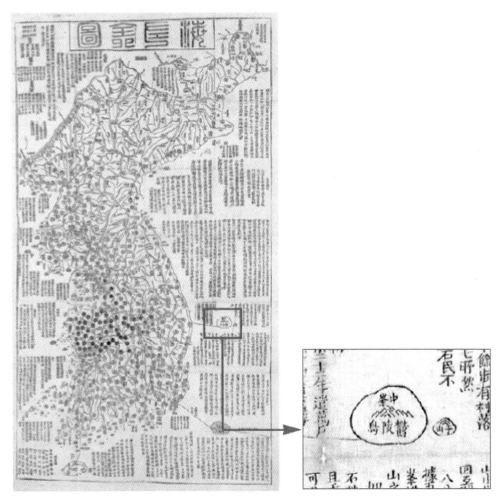

　　[내용] "해좌전도(海左全圖)"는 정상기의 지도를 바탕으로 1850년대에 제작된 목판본소형전도로 크기는 세로 98cm, 가로 55.8cm이다. 지도로 파악하기 힘든 여러 지리정보들을 지도 여백에 빼곡하게 기록해 놓고 있다. 울릉도와 제주도, 대마도의 역사와 지리정보가 적혀 있다. 울릉도와 울진 사이의 뱃길도 표기되어 있으며, 울릉도 동쪽에 선명하게 '우산'이라고 독도가 그려져 있다. 지도에 울릉도까지의 뱃길이 표기되어 있다는 것은 당시 사람들이 울릉도에 많이 왕래했다는 근거이며, 울릉도의 속도(屬島) 성격이 강한 '우산도'(독도)도 자연스럽게 사람들이 왕래하였을 것이다.

해좌전도(海左全圖)

　　조선 후기 대표적인 조선전도로는 김정호의 "청구도(靑邱圖)"와 "대동여지도(大東輿地圖)"가 있다. 두 지도 모두 여러 장의 지도를 합치면 전도가 되는 방식으로 지도가 상당히 크다. 김정호가 제작한 최초의 조선전도인 "청구도(靑邱圖)"는 전국을 동서 22판, 남북 29층으로 구획하여 만든 지도로서 크기가 가로 462cm이고 세로는 870cm이다.

"청구도(青邱圖)" 제18층 제3판과 제4판에 걸쳐 울릉도 지도가 수록되어 있는데, 울릉도 동쪽에 명확하게 우산(독도)이 그려져 있다. "청구도(青邱圖)"는 다양한 이본(異本)이 존재하는데 국립중앙도서관, 규장각한국학연구원, 영남대박물관, 고려대박물관에 소장되어 있는 것이 대표적인데, 이들 지도에 모두 '우산'(독도)이 표시되어 있다.

서울대규장각에서 소장하고 있는 "청구도(青邱圖)" 속 '울릉도' 지도를 보면, 우산(독도) 아랫부분에 다음과 같은 설명이 들어가 있다.

英宗十一年 江原監使趙最壽 啓言 鬱陵島地廣土沃有人居間地 而又有于山島 亦廣闊云卽 所謂西字與 此圖之在東相佐

내용은 1735년(영조 11) 강원감사 조최수(趙最壽)가 말하기를 "울릉도는 땅이 넓고 토지가 비옥하여 사람이 살던 터가 있고, 또 그 서쪽에 우산도가 있는데 이 또한 광활하다"고 되어 있다. 그러나 지도에는 '우산도'가 지도의 동쪽에 표시되어 있어 사실과 부합하지 않는 내용이 기술되어 있다. 이는 다른 지지에 있는 내용을 확인하지 않고 그대로 삽입한 것으로 당시 일본과의 울릉도 분쟁을 겪으면서 이미 널리 알려진 사실을 조최수는 알지 못하고 과거의 잘못된 정보를 알고 있는 것으로 보인다.

청구도를 바탕으로 그린 우리나라 지도사의 금자탑인 "대동여지도(大東輿地圖)"에 우산도(독도)가 그려져 있지 않은 점은 울릉도·독도 인식과 관련하여 아주 중요한 부분이다. 최근 각 기관에 수십여 종이 넘는 "대동여지도" 필사본, 목판본, 모사본뿐만 아니라 다양한 표제로 지도가 소장되어 있음이 밝혀졌다. 그러나 이 모든 지도에 우산도(독도)는 표기되어 있지 않았다. 일본은 한국의 대표적 지도인 "대동여지도"에 독도가 나오지 않는다는 점을 들어 우리 정부를 공격하고 있다. 그러나 2010년 한국학중앙연구원 장서각연구소에서 고문헌을 조사하던 중 서울 서대문구 한국연구원 자료실에서 독도가 그려진 대동여지도 필사본이 발견되었다.

이 필사본의 울릉도 동쪽을 보면 우산이라고 독도가 표기되어 있다. 국내에 전해오는 "대동여지도" 필사본과 목판본 중에서 독도가 그려진 "대동여지도"는 일본 국회도서관에 소장되어 있는 목판본 한 부만이 알려졌을 뿐이어서 그 중요성이 더욱 크다.

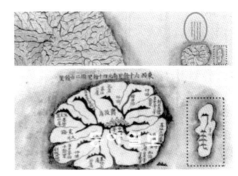

"대동여지도(大東輿地圖)" 필사본

지도의 울릉도 위에는 주기가 적혀 있는데 "영종 11년 강원감사 조최수가 울릉도를 시찰했고, 우산도가 울릉도 동쪽에 있다"고 적혀 있다. 이는 서울대규장각에 소장되어 있는 "청구도" 중 '울릉도' 지도에 있는 주기와 내용은 같으나 우산도(독도)의 위치가 정확하게 서술되어 기존의 잘못된 내용을 수정했음을 알 수 있다. 또한, 대한제국이 성립된 1897년까지 영조를 영종이라고 불렀기 때문에 이 필사본은 대동여지도가 처음 제작된 1861년부터 1897년 사이에 필사된 것으로 판단할 수 있다.

대한제국 시기에는 일본과 서구의 새로운 지도제작 기술과 인쇄기법이 도입되었으며, 울릉도·독도에 대한 주류적 인식은 지속되었다. 과거의 목판인쇄에서 동판인쇄로 바뀌고, 전통적인 지형 표현법에서 서구적인 방법으로 변화하였다. "대한전도(大韓全圖)"는 1899년 간행된 "대한지지(大韓地誌)"에 수록된 소축척 지도로 동판으로 제작되었다. "대한전도"의 경우 경위선을 표시했으며, 지도의 범례가 있는 등 현대식 지도의 모습을 갖추고 있다.

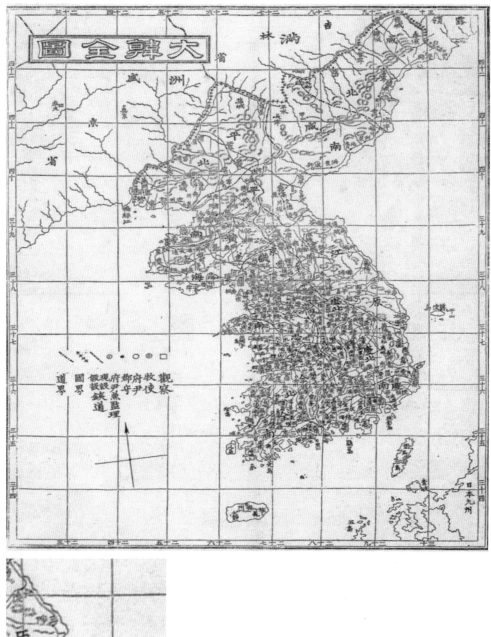

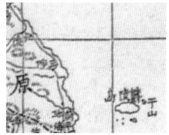

대한전도(大韓全圖)

5) 도(道) 단위 지도 속에 표현된 독도

도별 지도는 조선 초기부터 제작되었으나 현재 조선 전기 지도는 전해지지 않는다. 현재 존재하는 가장 오래된 도별 지도는 전국 단위 지리지인 『신증동국여지승람』에 수록된 지도들이다. 당시 지도 수요가 많아 지지(地誌)에 수록된 동람도식 지도를 기본으로 하여, 제작자의 필요에 따라 수정·보완하여 다양한 도별 지도들이 만들어졌다. 이 지도들은 대부분 민간에서 제작해 독도의 이름도 우산도(于山島), 우산(于山), 천산도(千山島), 방산도(方山島), 자산도(子山島) 등 여러 이름으로 나타나는데, 이는 '于(우)'자의 형태를 잘못 알아보거나, 전문적인 정보를 가진 지도제작 전문가가 아닌 민간인이 제작하면서 발생한 오류로 보인다. 또한 독도의 위치도 울릉도의 동, 서, 남, 북 사방에 그려진 경우가 많다.

동람도식 도별 지도가 목판본이었다면, 당시 필사본 도별 지도들도 많이 이용되었다. 이 지도들은 대부분 정상기의 "동국지도" 중 "팔도분도"를 모사하거나 수정한 것들이 대부분이다. 현재 전해지는 이들 지도에는 거의 모두 울릉도와 독도(우산)가 그려져 있다.

조선 후기에는 전국 또는 도 단위로 전국의 모든 군현의 지도를 모아서 군현지도집(郡縣地圖集)이 만들어졌다. 이들 군현지도집은 "여지도(輿地圖)", "해동지도(海東地圖)"와 같은 전국 단위 군현지도집과 "영남지도(嶺南地圖)", "호서지도(湖西地圖)"와 같은 도별 단위 군현지도집으로 구분된다.

"조선지도(朝鮮地圖)" 중 '울릉도'의 경우 경위선표식 군현지도집에 해당한다. 이 지도는 20리를 약 4cm로 표현했다. 이와 같은 지도는 전국의 모든 군현지도를 동일한 축척으로 그릴 수 있다는 장점이 있다. 이러한 현대의 축척 개념을 도입한 군현지도들이 존재한다는 사실은 "대동여지도"와 같은 훌륭한 지도가 탄생할 수 있는 밑바탕이 되었다.

나. 다른 나라 지도에 나타난 독도

1) 다른 나라들이 부른 울릉도·독도의 이름

조선정부는 15세기부터 울릉도 거주민을 본토로 이주시키는 쇄환(刷還)정책을 실시했다(쇄환정책은 육지로부터 멀리 떨어진 섬의 주민을 보호하기 위해 섬에 살지 못하게 하고 이들을 육지로 돌려보내는 정책을 말한다. 조선시대 왜구의 약탈 대상이 되기 쉬운 울릉도 주민을 육지로 돌려보낸 것이다. 그런데 이를 공도(孔道)정책으로 알고 있는 경우가 많은데, 이는 섬의 포기와 결부시키기 위해 주로 일본이 의도적으로 사용하는 잘못된 용어이다). 그러나 울릉도·독도에는 쇄환정책에도 불구하고 조선 사람이 항상 존재하였으며, 조선 정부에서는 무릉등처안무사(武陵等處按撫使)라는 관리를 파견하여 울릉도 및 주변 섬에 대한 관리를 꾸준히 하였다. 그 후 1883년 고종임금 때 개척령이 공포되면서 본격적인 개발이 시작되었다.

조선왕국전도(Royaume de Corée)

울릉도·독도 동해 주변에는 18세기 말부터 서양선박들이 출몰하기 시작했다. 특히, 영국, 프랑스, 러시아 같은 나라들은 울릉도와 독도를 목격(발견보다는 목격이라는 표현이 적절)한 후 자기들 방식으로 이름을 붙이기도 했다. 울릉도와 독도가 서양 지도에 표시된 것은 1710년 프랑스 신부인 레지(Regis)가 만든 지도부터이다. 그 후 이 지도를 바탕으로 당빌(D'Anville)이 제작한 "조선왕국전도(Royaume de Corée)"에도 울릉도와 독도가 표시되어 있다. 그러나 위치가 사실과는 다르게 한반도에 아주 가까이 그려져 있으며 (현재의 고성 앞바다) 이름도 중국식 발음대로 울릉도는 '판링타오(Fan-ling-tao)'로, 독도는 '챤챤타오(Tchian-chantao)'로 표기되어 있다. 당시 울릉도와 독도의 명칭을 분명하게 표시하고 한반도에 아주 가까이 표현했다는 점은 당시 울릉도와 독도가 우리나라 영토임을 말해 주는 근거이다.

서양에서 울릉도를 최초로 목격(발견)한 것은 1787년 5월 27일 라페르주 탐험대에 의해서다. 탐험대에서 울릉도를 가장 먼저 목격한 천문학자이자 수학자인 다줄레(Dagelet)의 이름을 따서 '다줄레'라고 명명되었다. 그 후 '다줄레'라는 명칭은 1950년대까지 서양에서 사용되다가, '울릉도'로 변경되었다. 당시 탐험대는 독도는 보지 못하고 북쪽으로 올라가 러시아 캄차카 반도의 아바차(Avatcha, 현재의 페트로파블로브스크)에 입항해 잠시 쉴 때 그때까지 작성된 항해 일지, 지도, 학술 보고서 등 문서를 탐험 대원인 바르텔레미 드 르셉스가 시베리아를 횡단하여 육로로 프랑스 파리까지 가지고 왔다. 그러나 탐험대는 그 후 활동을 계속하다, 1788년 초 남태평양 솔로몬 제도에서 폭풍우를 만나 대원 전원과 함께 실종되었다.

1791년 8월과 9월 영국의 해군 제독 콜넷(Colnett)은 아르고노트(Argonaut)호를 이끌고 동해를 돌며 고래의 서식지와 관련된 탐사를 하였다. 이때 울릉도를 목격하고 그 위치를 측정하였는데, 이때 위치를 잘못 측정한 채 영국 해군수로부에 보고하였다. 이 때문에 19세기 초 서양의 고지도에 'Argonaut'라는 이름의 가공의 섬이 울릉도 북서쪽에 등장하게 되었다.

잘못된 아르고노트 섬의 존재는 일본의 지도 제작에도 큰 영향을 끼쳤다. 일본은 과거 울릉도를 竹島(Takesima)로, 독도는 松島(Matusima)로 표기했다. 그러나 아르고노트 섬의 영향으로 명칭의 혼란을 겪게 된다. 다음은 이와 관련된 글로 일본 외무성 홈페이지에 게시되어 있는 설명이다.

1787년 프랑스의 항해가 라페루즈가 울릉도에 도착하여 '다줄레(Dagelet) 섬'으로 명명하였습니다. 그 후 1789년에는 영국의 탐험가 콜넷도 울릉도를 발견하였으며 그는 이섬을 '아르고노트(Argonaut) 섬'이라고 하였습니다. 그러나 라페루즈와 콜넷이 측정한 울릉도의 경도와 위도에는 차이가 있으며 그 차이로 인해 후에 유럽에서 작성된 지도에는 마치 2개의 다른 섬이 울릉도로서 존재하고 있는 것처럼 기재되게 되었습니다. 1840년 나가사키 출신의 의사 시볼트가 '일본지도'를 작성하였습니다. 시볼트는 일본의 여러 문헌과 지도를 통해 오키 섬과 한반도 사이에는 '다케시마'(현재의 울릉도)와 '마쓰시마'[현재의 다케시마(독도)]라는 2개의 섬이 존재하고 있다고 알고 있었습니다(다케시마가 마쓰시마보다 서쪽에 위치). 한편, 유럽의 지도에는 서쪽에서부터 '아르고노트 섬'과 '다줄레 섬'이라는 2개의 명칭이 함께 사용되고 있었다는 것도 알고 있었습니다. 이를 근거로 시볼트는 자신이 작성한 지도에 '아르고노트 섬'을 '다카시마(다케시마를 잘못 표기)'로, '다줄레 섬'을 '마쓰시마'로 기재하게 되었습니다. 이로 인해 '다케시마' 또는 '이소다케시마'로 계속 불리던 울릉도가 '마쓰시마'로도 불리게 되는 혼란을 가져오게 되었습니다. (서양인들의 동해 탐방과 『수로지』 속의 독도 재인용, 호사카유지, 일본문화학보, 제46집, 2010, p.141)

이런 과정을 통해 일본에서는 울릉도가 '松島(Matusima)'로, 독도가 '竹島(Takeshima)'로 뒤바뀌게 된다. 즉, 현재 일본은 독도를 역사적으로 자신들의 고유영토라고 주장하지만 19세기까지 제대로 이름조차 알지 못했다고 할 수 있다.

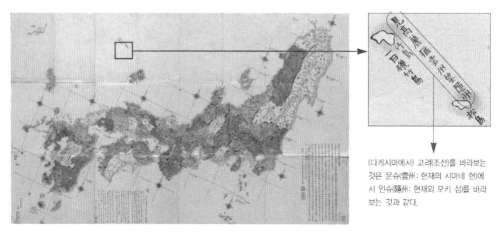

(다케시마에서) 고려(조선)를 바라보는 것은 운슈(雲州: 현재의 시마네 현)에서 인슈(隱州: 현재의 오키 섬)를 바라보는 것과 같다.

* 출처: 동북아역사재단, 고등학생용 독도 바로 알기, p.39.

『개정 일본여지로정전도(改正日本輿地路程全圖)』, 1779년, 나가쿠보 세키스이

19세기 후반부터 울릉도 근해는 고래잡이 어장으로 서양인들에게 알려지기 시작했다. 일반적으로 독도는 프랑스에서 처음 목격(발견)한 것으로 알려져 있지만 최근의 연구에 의하면 미국의 포경선 체로키(Cherokee)호가 1848년 4월 17일 오전경에 독도를 목격(발견)한 것으로 밝혀졌다. 체로키호 선장의 항해일지에 독도를 'two small islands'로 기록하였는데, 그의 목격(발견)은 세상에 알려지지 않았다.

서양인들에게 대중적으로 알려진 독도의 첫 명칭은 'Liancourt Rocks'이다. 1849년 1월 27일 프랑스의 포경선 리앙쿠르(Liancourt)호 선장 드 수자(de Souza)는 항해 중 울릉도와 독도를 발견하고 이 사실을 포함한 항해보고서를 해군당국에 제출하였다. 이 항해보고서는 1850년 프랑스 해군수로부의 발표로 널리 알려지게 되었고 이때부터 독도는 'Liancourt Rocks'라는 명칭으로 각종 세계지도에 표기되기 시작했다.

이 시기 러시아 군함들도 우리나라 동해를 넘나들고 있었다. 1854년 러시아의 푸자친(Putiatin) 해군 중장은 팔라다호(Pallada)호와 보스토크(Vostok)호 및 올리부차(Olivutsa)호 등을 이끌고 동해와 남해를 항해하던 중 1854년 3월에 독도를 목격(발견)하였다. 푸자친은 동도에 메넬라이(Menelai), 서도에 올리부차(Olivutsa)라는 이름을 붙이고 그 전체에 메넬라이 앤드 올리부차 락스(Menelai and Olivutsa Rocks)라고 표기하였다. 1855년에는 영국 군함 호넷(Hornet)호를 목격(발견)한 후 측량하였으며 배의 이름을 따서 'Hornet Island' 또는 'Hornet Rocks'로 명명하였다.

2) 일본 지도 속의 독도

* 출처: 동북아역사재단, 중학생용 우리 땅 독도를 만나다
[내용] 『일로전쟁실기』는 일본의 박문관(博文館)이란 출판사에서 1905년 출간한 러일전쟁 승전 기록집이다. 이 중 "한국전도"는 제76편의 부록에 포함된 지도이다. 지도를 보면 동해에 분명하게 독도가 한국의 영역으로 표시되어 있다. 더군다나 지도가 나온 시기는 일본 내각 회의에서 독도를 일본 영토로 편입하기로 결정한 이후이며, 시마네 현 고시 제40호가 나온 이후여서 더 의미가 있다.

『일로전쟁실기(日露戰爭實記)』 중 "한국전도(韓國全圖)", 1905년

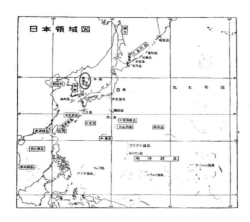

* 출처: 동북아역사재단, 중학생용 우리 땅 독도를 만나다
[내용] 1951년 10월 샌프란시스코 강화조약에 근거하여 제작한 지도로 일본의 영역을 표시한 것으로 당시 일본 중의원에 제출된 지도이다. 지도를 보면 독도는 명확하게 조선의 영역으로 표기하였다. 그러나 동해의 명칭은 일본해로 표기되었다.

일본영역도, 1951년

3) 서양 지도 속의 독도

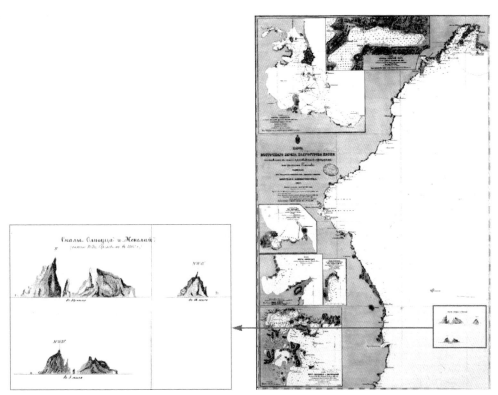

* 출처: 동북아역사재단, 고등학생용 독도 바로 알기
  [내용] 러시아 해군이 1854년 측정하여 1857년 발간한 지도를 수정, 보완하여 1882년에 출간한 것이다. 울릉도는 'Matsu-shima'로, 독도의 서도는 'Olivutsa', 동도는 'Menelai'로 표기하였다. 독도를 거리에 따라(14마일, 5마일, 3.5마일) 스케치한 그림도 같이 삽입하였다.

조선동해안도

다. 독도에서의 생활환경과 독도에 사는 사람들

1) 독도에서의 생활환경

　1945년 8월 해방을 맞은 후 우리나라는 울릉도와 독도에 대한 현지 조사를 추진했다. 미군정의 영향하에 있던 1947년 과도정부는 민정장관 안재홍을 위원장으로 하는 울릉도, 독도 현지 조사대를 파견하였다.

　학술조사단의 독도 조사는 학자, 언론인, 공무원, 무전기사, 사진가 등 총 72명이 참가한 범국가적 기구로 당시 과도정부의 독도에 관한 확고한 영유권 의식을 보여준 사건이다. 학술조사단은 1947년 8월 20일 독도를 조사한 후 이어 울릉도도 25일까지 조사하였다. 1952년 9월에도 독도를 조사하려 했으나 당시 미국 항공기의 독도 폭격 사건으로 어려움을 겪었다.

일본은 6·25전쟁의 혼란을 틈타 독도에 무단 상륙하여 한국 어민들에게 불법적인 행위를 하는 등 침탈 행위를 일삼았다. 이에 울릉도에서 나고 자란 홍순칠 대장을 중심으로 독도의용수비대가 결성되어 활동하였다. 홍순칠이 작성한 수기(手記)에 따르면 상이군인 등으로 구성된 33명의 대원들은 1953년 4월 20일에 독도에 상륙하여 1954년 12월 30일 독도 경비를 경찰에 인계할 때까지 독도에 접근하는 일본 순시선을 저지하는 등 독도 수호 활동을 하였다고 한다. 정부는 1956년 12월 25일 울릉도 경찰서 소속의 '독도경비대'를 창설하였다. 이를 계기로 바위 위에 터를 닦고 집을 짓고 간이선착장을 만들었다.

독도 주변은 한류와 난류가 교차하는 조경수역으로 어족자원이 풍부한 어장으로 가치가 높다. 1954년 8월에 동도에 등대를 건설하였으며, 1997년 11월 7일에는 80m의 주부두와 20m의 간이부두, 137m의 진입로를 갖춘 독도접안시설을 완공하였다.

2) 독도에 사는 사람들

독도에 상주하는 인원은 동도에 있는 독도경비대원 30명과 등대를 관리하는 항로 표지 관리원 3명, 서도에 거주하는 김성도 씨 부부와 울릉군에서 파견 나온 공무원 2명 등이다. 독도에 우리나라 국민이 거주한다는 것은 매우 중요한 사실이다. 사람이 거주한다는 것 자체가 실효적 지배이며 이는 영유권 주장의 중요한 근거가 된다.

2012년 독도에 본적을 두고 있는 사람들은 약 2,600여 명으로, 독도로 본적(가족 등록부)을 옮기는 운동이 본격화된 것은 1998년부터이다. 최근 통계에 의하면 독도로 본적을 옮긴 일본인도 79명이라고 한다. 울릉군에 따르면 독도에 주민등록을 가장 먼저 옮긴 사람은 1981년 독도 최초 주민 고 최종덕 씨이며, 독도로 가장 먼저 본적을 옮긴 사람은 1987년 11월 2일 송재욱(전북 김제군 숭산면 종덕리) 씨인 것으로 알려졌다.

독도경비대는 경상북도 울릉군 울릉읍 독도리에서 독도를 경비하는 경찰 조직으로, 외부 세력의 침입으로부터 독도를 수호·보존하기 위하여 설립되었으며, 1954년 7월 28일 독도의용수비대로부터 독도 경비 업무를 인수받아 경비 업무를 시작하였다. 현재는 1996년 6월 27일 창설한 울릉경비대 예하에 독도경비대를 두고 있으며 울릉경찰서장 책임 아래 운영되고 있다.

독도경비대원들은 2개월에 한 번씩 교대로 근무한다. 또한 독도에 파견된 울릉군 독도관리사무소 공무원들은 2명씩 3교대로 번갈아 가면서 10일씩 독도에 상주하고 있다. 독도등대가 유인화가 된 것은 1998년으로, 독도등대의 공식 명칭은 독도항로표지관리소이다. 직원 3명이 상주하고 있으며, 근무 방식은 3명씩 2개 조를 만들어 1개 조가 한 달 근무하면 다른 1개 조는 휴가를 떠나는 방식이다.

현재의 독도경비대

과거의 독도경비대

3. 독도의 자연환경

가. 독도의 지형과 기후

독도는 약 460만 년 전~250만 년 전 신생대에 바다 밑 2,000m에서 솟구쳐 나온 용암이 굳어서 형성된 화산섬이다. 독도는 바다 위로 올라온 크기가 작아서 울릉도와 제주도보다 나중에 만들어진 섬으로 생각하기 쉽지만 사실 울릉도와 제주도보다 250여만 년이나 오래된 섬이다. 독도의 해수면 아래에는 바다의 산, 즉 해산이 있는데, 바다 위로 보이는 독도의 모습은 작지만 바다 아래에는 거대한 본체를 숨기고 있다. 바다 밑에 안용복해산, 독도해산, 심흥택해산, 이사부해산이 있으며, 그중 우리가 아는 독도는 독도해산의 정상부가 수면 위로 머리를 내놓고 있는 부분이다. 해산이 수면 위로 모습을 드러내는 경우는 드물며, 해저산의 진화 과정 연구에 도움을 주므로 지형으로서 세계적인 가치를 가지고 있다.

독도는 동도와 서도, 2개의 섬으로 구성되어 있다. 동도의 정상은 해발 고도가 98.6m이며 북쪽으로 치우쳐져 형성되어 있다. 동도의 남쪽은 능성의 형태로 비교적 평평한 곳인데 이곳을 중심으로 등대를 비롯한 독도경비대 관련 건물이 설치되어 있다. 독도 남쪽의 비교적 평평한 지형을 따라 고도가 낮아지는 부분의 사면에는 얇지만 토양층이 발달하여 키 작은 식물이 살기 적당하다. 하지만 바다를 향한 부분은 대부분 경사가 급한 해안절벽으로 이루어져 있어서 토양층이 거의 없거나 얇으므로 식생이 살기 어렵다. 동도의 해안선 길이는 2.8km이고, 서쪽 해안에는 관광객이 들어올 수 있는 선착장이 건설되어 있다.

서도의 정상은 해발고도가 168.5m로 동도보다 높다. 서도는 전반적으로 경사가 매우 급한 원뿔 형태로 되어 있으며 해안선의 길이는 약 2.6km로 동도와 비슷하다. 바다와 닿는 부분은 수직에 가까운 해안절벽으로 둘러싸여 있으며 토양층이 대단히 얇아 식생이 성장하기에 무리가 있다. 하지만 서도의 정상부에는 일부가 토양으로 덮여 있어 풀 종류의 식생이 자라고 있다. 특히 서도의 물골이 있는 북쪽 정상부에는 토양이 두껍게 쌓여 나무를 비롯한 식생이 분포하고 있다. 그리고 서도 절벽의 갈라진 틈 사이에 흙이 채워진 곳에 풀들이 자리 잡고 있다. 서도의 동쪽에는 어민 숙소가 설치되어 있다.

독도는 평균 기온 12℃의 비교적 따뜻한 섬이다. 가장 더운 8월의 평균기온은 25℃이고 가장 추운 1월의 평균기온은 4℃이다. 1월 평균기온이 4℃인 것은 동위도상의 내륙에 비해 겨울철이 굉장히 따뜻하다는 것을 말한다. 독도는 울릉도와 마찬가지로 난류의 영향을 많이 받는 해양성 기후이기에 비교적 따뜻한 겨울철을 가지고 있다. 독도의 강수량은 연평균 약 1,400mm로 적은 편이 아니며, 울릉도와 비슷한 강수 특성을 가지고 있다. 울릉도와 마찬가지로 비교적 겨울 강수량이 많아서 내륙에 비해 연중 고른 강수 분포를 보이고 있다. 독도의 평균 풍속은 4.9m/s이다. 이것은 울릉도의 3.1m/s와 바람이 심하다는 제주도의 4.7m/s보다 빠른 편이다. 울릉도와 독도는 바다 안개가 자주 발생한다. 독도 부근의 바다안개는 주로 여름철에 발생하며, 장마전선에 동반하여 나타나는 경우가 많다.

나. 천연보호구역, 독도의 동식물

독도는 천연기념물 제336호로 지정이 되어 있다. 문화재청에서 1982년 독도를 천연기념물로 지정하였으며, 1999년 천연보호구역으로 변경하였다. 2000년 9월에는 환경부 고시로 특정도서로 지정하여 독도의 환경보호에 더욱 힘을 쓰고 있다. 독도는 인간의 손길이 거의 닿지 않은 깨끗하고 아름다운 곳으로 독도의 실질적 이용가치 이외에도 우리가 지켜야만 할 큰 가치를 가지고 있는 곳이다. 독도에는 다른 곳에서는 찾아보기 힘든 동식물들이 많이 살고 있으며 이는 우리나라만이 보존해야 할 가치가 있는 것이 아니라 전 세계적으로 봤을 때도 보존해야 할 지구의 소중한 환경이다.

독도의 동물 중 가장 유명한 것은 아마도 괭이갈매기일 것이다. 괭이갈매기는 사실 독도에서만 볼 수 있는 희귀종의 조류는 아니고, 충청남도 태안군 근흥면 난도, 경상남도 통영시 한산면 홍도, 그리고 독도에서 집단 서식지를 이루고 있다.

* 출처: 독도 연구소 사이트

　우리나라뿐만 아니라 일본, 중국 등지에서도 집단 서식을 하고 중국 남부 앞바다에서 겨울을 나는 동북아시아의 특산종이다. 괭이갈매기는 울음소리가 고양이 소리와 비슷하다 하여 고양이의 방언인 괭이에서 이름이 붙여졌으며 물고기 떼가 있는 곳의 위를 날아다니기에 어부들이 좋아하는 새이기도 하다. 괭이갈매기는 갈매기 종중 중형에 속하며 평균적으로 몸길이 약 46cm, 날개길이 34~39cm이다. 겉모습을 보고 괭이갈매기를 다른 갈매기와 구분하는 방법은 꽁지깃 끝의 검은 띠를 보면 된다. 그리고 부리 끝에 빨간색과 검은색 띠가 있으며 다른 갈매기에 비해 부리가 긴 편이다. 새끼 괭이갈매기는 병아리와 닭처럼 어미와는 많이 다르게 전체적으로 회색빛 털을 감고 있으며 얼룩무늬가 있다. 생긴 것도 꼭 병아리와 닮았다.

　괭이갈매기는 도요목 갈매기과에 속하는 갈매기로 학명은 Larus crassirostris이다. 번식기간은 3월에서 7월까지이지만 보통 이른 봄에 번식지에 모여 집단으로 생활을 한다. 번식지는 독도와 비슷한 무인도에 주로 모이며, 암컷 괭이갈매기는 바위틈이나 암초의 움푹 파인 곳에 마른풀로 둥지를 짓고 한번에 3~5개 정도의 알을 낳는다. 먹이는 물고기, 작은 게, 해초 등을 먹으며 일부일처제의 짝을 유지하기에 한번 짝을 맺으면 평생을 함께 산다. 그리고 집단을 이루어 번식을 하고 있기에 조류 중에 사회성이 잘 발달되어 있

* 출처: 독도 연구소 사이트

는 편이다. 하지만 어미는 자신의 새끼만을 돌보기에 어미 괭이갈매기로 부터 떨어진 새
끼는 다른 어미에 의해 죽는 경우가 많다고 한다.

　새들의 낙원이라 불리는 독도에서도 가장 많은 수를 차지하고 있는 것은 괭이갈매기
로, 이는 독도경비대원들과 독도 등대지기들의 친구가 되면서도 큰 일거리 제공자이기
도 하다. 독도경비대원들의 옷이나 모자에는 거의 항상 괭이갈매기의 똥이 묻어 있으며,
가끔 하늘을 바라보고 있다가 얼굴에 변을 당하기도 한다고 한다. 그리고 독도 등대가
빛을 내는 에너지의 원천인 태양열 집열판이 제대로 태양열을 모으지 못할 만큼 괭이갈
매기의 똥이 쌓여 적어도 이틀에 한 번씩은 청소를 해 주어야 한다고 한다. 그럼에도 불
구하고 독도경비대원들이나 등대지기 분들은 독도에 같이 살아가는 동지로서 독도를 지
켜주는 괭이갈매기가 밉지만은 않다고 한다.

　독도 하면 떠오르는 동물 중 독도의 마스코트이기도 한 독도강치를 빼놓을 수는 없다.
독도강치는 아쉽게도 현재는 독도에서 볼 수 없지만 여전히 독도를 대표하는 동물 중
하나이다.

독도강치 아라는 경상북도청에서 지정한 독도의 공식 마스코트 중 하나로, 독도강치의 귀여운 모습을 살려 독도를 더욱 친근하게 만들어 준다. 독도강치 아라에 대한 설명은 다음과 같다.

'아라(강치)-듬직한 강치의 이미지를 귀여우면서도 사랑스럽게 표현하였고, 물안경을 끼고 수영하는 것을 좋아한다.'

현재 존재하지 않지만 독도의 마스코트가 될 정도로 독도강치는 예전에 독도에 많이 서식하였다. 강치는 동해 연안에 서식하는 바다사자의 일종으로, 바다사자는 3개의 아종으로 구분할 수 있다. 캘리포니아지역에 서식하는 캘리포니아 바다사자(Zalophus californianus), 갈라파고스군도지역에 서식하는 갈라파고스 바다사자(Zalophus wollebaeki), 그리고 독도와 동해 연안에 살던 강치로 구분이 되는데 이 중 캘리포니아 바다사자는 아직 그 개체수를 유지하고 있지만 갈라파고스 바다사자는 멸종위기에 처해 있고, 강치는 멸종된 것으로 추정된다. 19세기만 해도 독도와 인근 동해 연안에 약 30,000~50,000여 마리가 서식했었지만 1950년대에 300여 마리가 남아 있었던 것으로 보고되며, 이후 멸종된 것으로 추정된다.

강치는 오징어와 물고기를 먹고 살았을 것으로 추정되며, 그 크기는 1.4~2.5m 정도이고, 몸의 색깔은 검정색이나 진밤색이다. 학명은 아쉽게도 Zalophus japonicus로 해석하자면 일본 바다사자가 된다. 강치의 수컷은 한 번에 10마리에서 20여 마리의 암컷들과 교미하며 하렘을 이루고 이로 인해 수컷 강치의 성기는 물개의 성기와 더불어 해구신이라고 불리는 정력제로 사용이 되었다. 번식기는 5월에서 6월경으로 보통 한 번에 한 마리의 새끼를 낳는다.

강치의 멸종 이유는 잘못 알려진 바가 많다. 강치의 멸종 이유로 잘못 알려진 바 중 하나는 우리나라 권력자들이 정력제로 사용하기 위해 강치의 성기를 잘라 말려서 만든 해구신의 제작에 강치를 남획하여 개체수가 많이 줄었다는 이야기가 있다. 물론 이도 근거가 없는 이야기는 아니며 실제 우리나라에서 해구신을 만들기 위해 강치를 잡았다는 기록도 있다. 대한민국 자유당 권력자들의 명령으로 강치를 잡아들이기도 했다. 1956년 독도의용수비대로부터 독도를 인계받은 독도경비대는 고위층의 명령에 따라야 했다. 거

* 출처: 독도 연구소, 독도의 생태

기에 해구신 1개에 1계급 특진이라는 조건과 300만 환이라는 거금까지 주었기에 독도의 용수비대로부터 인수한 박격포는 강치 잡이에 동원됐고 강치는 결국 이 땅에서 자취를 감추게 되었다. 하지만 이는 강치를 멸종까지 몰고 간 주요 원인은 아니었다. 강치의 남획은 일본에 의해 일제강점기와 그 이후까지 계속하여 이루어졌다. 강치의 가죽으로는 군화를 만들고, 이빨은 장식품으로, 고기는 식용으로 얻기 위해 다케시마 어렵회사는 강치를 남획했으며 그로 인해 그 수가 급격히 줄었다고 한다. 또한 물고기를 많이 얻기 위해 어부들의 경쟁 상대였던 강치를 남획했다는 기록도 있으며, 20세기 초 즈음하여서는 동해 전반에 분포하던 강치 서식지는 독도 한 곳으로 좁혀지게 되었다.

독도강치의 멸종과 관련된 이야기에는 이러한 것도 있다. 1980년대 소련에서 열린 세계자연보호 국제회의에서 일본 측에서는 이러한 주장을 하였다.

"세계적으로 희귀한 독도의 강치를 한국 측 경비대원이 모조리 잡아 멸종상태에 놓였다."

이에 독도 강치에 대해 조사한 바가 없었던 한국 측 대표들은 아무런 반박도 하지 못하고 누명을 쓸 수밖에 없었다.

독도 강치 사냥은 일본의 독도 강탈과 큰 연관이 있다. 일본정부는 독도의 강치 잡이 어업권을 독점하기 위해 교섭을 벌이던 나카이 요자부로(中井養三郎)의 청원서를 이용해 1905년 시마네현 고시로 독도를 자신들의 영토로 편입시켰던 것이다. 이를 통해 불법적으로 편입한 독도의 어업권은 나카이 요자부로에게 돌아갔고 나카이는 독도의 강치를 무자비하게 남획하기 시작했다.

나카이는 영세한 어업인이 아니었다. 당시에 첨단 기술을 동원하여 1890년부터 외국 영해에 나가 잠수기 어업에 종사한 기업적인 어업가였다. 1891~1892년에는 러시아령 부근에서 잠수기를 사용한 강치 잡이에 종사했고, 1893년에는 조선의 경상도와 전라도 연안에서 강치 잡이에 집중했다. 1903년 독도에서 강치 잡이를 해서 엄청난 이익을 챙긴 나카이는 독도 어업권을 독점하여 더 큰 이익을 보고자 했고, 그는 일본 정부의 알선을 받아 대한제국 정부로부터 독도 어업권을 청원했다. 이를 통해 보아도 이때까지 일본도 독도를 조선의 영토로 인정하고 있었다는 것을 알 수 있기도 하다. 그런데 일본 해군성 수로국장(해군 제독) 간부가 힘이 없던 조선 정부를 무시하고, 독도는 주인이 없는 땅이므로 어업 독점권을 얻으려면 한국정부에 허가를 신청할 것이 아니라 일본정부에 독도 영토편입 및 대하원을 제출하라고 지시했다. 이렇게 해서 1904년 9월 29일 나카이는 독도를 일본 영토로 편입해서 자기에게 대부해 달라는 '리앙코(리앙쿠르, 독도) 영토편입 및 대하원'을 일본정부의 내무성과 외무성, 농상무성에 제출했으며 이에 따라 시마네현 고시 제40호가 나오게 된 것이다.

일본은 나카이의 문서를 근거로 독도를 불법적으로 강탈하게 되었다. 독도의 강치는 일본이 독도를 강탈하게 된 것과 큰 연관이 있는 것으로 우리가 꼭 알아야 할 것 중에 하나이다. 일본 정부의 이익과 맞물려 있던 나카이의 욕심이 독도를 강탈한 계기가 되었던 것이다. 독도를 강탈한 나카이는 독도의 어업권을 독점하고 무시무시할 정도로 잔인하게 강치를 잡아들이기 시작했다. 암컷은 그물로 잡고, 큰 것은 총으로 잡았으며 젖을 먹는 새끼는 몽둥이로 때려 죽였다. 나카이는 강치를 잡을 때 '움직이는 것은 그저 죽인다. 돈이 되는 것은 살려둬서는 안 된다'는 말을 신조로 독도를 강치의 피로 물들였다. 나카이는 이렇게 잡은 강치의 가죽을 벗기고 고기는 그대로 바다에 버렸다. 1904년 한 해에만 몸길이 2.5m의 강치가 2,750마리나 도살되었으며 그 고기와 뼈는 어림잡아도 381톤으로 추정된다. 독도는 강치의 피로 주변 바다까지 벌겋게 물들었으며 강치 사체가 썩은 냄새는 북동풍을 타고 울릉도에까지 날아올 정도였다고 한다. 썩은 고기는 바다에 떠서 수십km까지 떠돌아 바다를 온통 황색으로 물들였을 정도였다. 일본 정부조차 나카이에게 경고를 내릴 정도로 나카이는 무자비하게 강치 학살을 계속했다. 8년간 이어진 강치 학살로 인해 강치 최대 번식지였던 독도에서는 강치를 찾아보기 힘들게 되었다. 그 이후 독도에서의 번식은 1972년까지 확인되었으며, 1975년 마지막으로 목격된 이후 멸종된 것으로 추정된다.

강치는 북한 연안이나 사할린 섬, 쿠릴 열도 등에서 생존해 있을 것이라는 의견도 있지만 정확한 조사는 이루어지지 않고 있었다. 하지만 독도 강치와 관련된 반가운 소식이 있다.

독도는 새들의 천국으로 불릴 정도로 다양한 종의 새들이 서식한다. 조사된 조류의 종류만도 160여 종이나 되며 조사하지 못한 종까지 합하면 그 수는 200종 이상이 될 것으로 추정하고 있다. 바다제비, 슴새, 괭이갈매기, 황조롱이, 물수리, 노랑지빠귀, 흰갈매기, 흑비둘기, 까마귀, 딱새, 노랑부리백로 등을 포함해 수많은 철새들의 쉼터가 되고 있는 독도는 새들의 영행에 쉼터가 되고, 보금자리가 되고, 돌아갈 고향이 된다. 또한 천연기념물로 지정된 매(제323호), 흑비둘기(제125호)도 관찰되며, 멸종 위기 종으로 정해진 말똥가리도 발견되었으니 독도의 환경을 지켜야 할 이유는 더욱 커진 것이다.

독도에 자생하는 포유류는 강치가 멸종된 이후 없는 것으로 알려져 있다. 다만 독도경비대원과 함께하는 우리나라의 대표 견종인 삽살개만이 있을 뿐이다. 삽살개는 천연기념물 제368호로 독도에 '독도'와 '지킴이' 두 마리가 살고 있다. 2012년 2월 이 삽살개 부부의 새끼가 태어나 공개 분양 신청을 받았고 311명의 신청을 받아 다섯 마리가 분양되었다. 독도에 경비견으로 삽살개가 살게 된 것은 1996년 5월부터였다. 생후 18개월 된 암컷 황순이와 수컷 청돌이를 한국전통견협회 회장인 박종웅 씨가 기부한 것이다. 그 이후 대를 거듭하여 독도 경비견으로 삽살개가 독도를 지키게 되었다.

독도에서 다양한 곤충들도 발견된다. 곤충이 없다면 독도에 그렇게 다양한 조류가 분포하지 못했을 것이다. 독도의 곤충으로는 된장잠자리, 민집게벌레, 메뚜기, 딱정벌레, 파리, 작은멋쟁이나비 등 약 130종이 살고 있고 이들은 독도의 다른 동식물과 더불어 생태계에 없어선 안 될 존재로 독도의 중요한 생명들이다.

독도에서 조사된 식물은 약 60종으로 초본류로 민들레, 괭이밥, 섬장대, 강아지풀, 바랭이, 쑥, 쇠비름, 명아주, 질경이, 섬초롱꽃, 땅채송화, 해국, 섬기린초, 갯까치수염, 왕호

장근 등이 있고, 목본류로 곰솔(해송), 섬괴불나무, 붉은가시딸기(곰딸기), 줄사철, 박주가리, 동백, 보리밥나무 등이 있다. 이 중 희귀종인 섬시호와 큰두리꽃은 환경부에서 보호식물로 지정하여 보호하고 있다.

이 중 섬초롱꽃은 안타까운 사연이 있다. 섬초롱꽃은 섬기린초와 더불어 울릉군의 고유종으로 울릉도와 독도에서 발견된 꽃이다. 8월이 되면 연자줏빛 종모양의 아름다운 꽃을 피워내는 섬초롱꽃의 학명은 충격적이게도 일본이 독도를 부르는 이름인 '다케시마'이다. 이는 일제강점기에 일본 학자 나카이가 울릉도에서 발견하고 일본으로 가져가 일본 이름으로 학명을 붙였기 때문이다. 학계에 첫 발표한 사람이 이름을 정할 수 있기에 벌어진 일이다. 이와 비슷한 사례로 우리나라 고유종인 금강초롱이 있는데, 이 또한 일제강점기에 일본으로 반출되어 학명이 '하나부사'로 지어졌다.

독도는 작은 화산섬으로 본래 식물들이 잘 자랄 만한 환경이 되지 못한다. 암질의 봉우리가 우뚝 솟아 있고 표층의 토양이 부족하여 식물이 뿌리를 내리고 살기가 힘이 들어 독도에 사는 식물들은 대부분 생명력이 질긴 잡초에 속하는 종이다. 사람의 손길이 닿아야만 아름답게 피어날 수 있는 화초와 달리 사람의 손길이 닿지 않아도 제 스스로 아름다움을 피워낼 수 있는 들꽃은 독도와 제법 어울린다고 할 수 있다.

이러한 독도에 최근 들어 아름답게 꾸민다는 명목으로 다양한 풀과 나무를 심고 가꾸려는 노력이 이어지고 있다. 이는 논란을 낳고 있는데, 독도에 나무를 심는 것을 반대하는 입장은 독도의 생태계가 교란이 될까 봐 우려하는 것이다. 독도 나무심기 사업은 1970년도부터 울릉지역민 등 군내 각종 사회단체들이 나무심기를 시작해 오다 1988년 푸른 독도 가꾸기 모임이 결성된 후 본격적으로 사업을 추진했지만, 1996년 정부가 생태계 교란을 이유로 사업을 중단시켰다. 그 반대의 입장에 있는 푸른 독도 가꾸기 모임은 산림청의 입도 불가 방침 이전까지 독도에 나무를 살리기 위해 향토 수종심기, 울릉도에서 나무심기용 흙 운반 등 상당한 노력을 기울였다. 푸른 독도 가꾸기 모임 이예균 회장은 "나무심기 운동의 결실로 현재 독도 서도에 섬괴불나무, 보리장 등 600여 종의 나무들이 자라고 있다"면서 "우리 땅 독도를 푸르게 하는 게 생태계 훼손이냐"고 주장한다. 그는 또 "독도 식생태계 파괴는 1948년 미군정 시절 미 공군이 독도를 폭격 연습장으로 사용하면서 수천발의 폭탄을 쏟아 부었기 때문"이라며 "파괴된 독도 식생태계를 이제 정부 차원에서 회복시켜야 한다"고 주장했다. 두 쪽의 주장 모두 타당한 내용이 있기에 2011년부터 독도 나무심기 사업이 재개되었으며 그에 대한 대책으로 정기적인 조사를 약속했다.

독도 나무심기는 부정적인 면이 있음에도 꼭 이루어져야만 하는 사업임에는 틀림없다. 이는 환경보전과는 전혀 다른 관점에서 필요한 일인 것이다. 바로 독도의 실효적 지배와 독도가 국제법상 섬으로 인정되기 위함이다. 국제법상 섬에는 세 가지 조건이 따른다.

첫째, 마실 수 있는 물이 존재할 것. 독도의 서도에는 물골이라는 마실 수 있는 물이 새어나오는 샘이 있다.

둘째, 무인도가 아닐 것. 독도는 주민등록을 두고 있는 독도 주민들이 있고, 경비대원들과 등대지기들도 살고 있는 유(有)인도이다.

셋째, 나무가 자라고 있을 것.

세 번째 조건이 충족되지 않아 독도는 국제법상으로 섬으로 인정받지 못하고 바위로 취급이 된다. 현재 어느 정도의 나무가 심어지기는 했지만, 숲을 이룰 정도가 아니라서 여전히 독도는 리앙쿠르 락(Liancourt Rocks)이라고 불리며 국제법상 바위로 취급되고 있으니 나무를 더 심어야 하는 것은 어떻게 보면 당연히 우리가 해야 할 일이 될 수도 있다. 그러한 의미를 가지고 시작한 독도 나무심기 사업이기에 아무리 해풍에 잘 견디고 바위에도 뿌리를 잘 내리는 종이라도, 외래종은 심지 않고, 울릉도 특산종만을 골라서 심었다고 한다. 그리고 울릉도의 흙과 비료포대를 등짐을 지고 독도에 올라 나무를 심기 위해 노력했다고 한다. 그래야만 '독도가 우리 땅이다'라는 의미를 가지기에 그러한 수고를 마다않고 행했다고 한다.

다. 독도의 해양생태와 바닷속 생물

'독도는 우리 땅'이라는 노래의 3절을 들어 보면 이러한 구절이 나온다.

'오징어 꼴뚜기 대구 명태 거북이 연어 알 물새알 해녀 대합실'

독도를 대표하는 것 중에 하나는 해양생태계가 잘 발달이 되어 좋은 어장이라는 것이다. 독도 주변의 바다는 한류와 난류가 만나는 조경 수역으로, 한류성 어족과 난류성 어족 모두 살 수 있어 다양한 생물 종이 분포하고 있다. 그리고 독도 근해는 독도 해산들로 인해 얕은 수심을 이루고 있어 암석 틈 사이에 해양 생물들이 보금자리를 마련할 수도 있으며, 플랑크톤이 풍부하고 해초가 자라기에도 적절한 환경이어서 해양 생물들이 살기에 적합한 환경을 가진 황금어장을 이루고 있다. 거기에 독도에는 회유성 어족들이 독도를 통과해 살아가고 있어서 독도근해는 수산자원만으로도 우리가 지켜야 할 큰 가치가 있는 곳이다.

독도연안에는 꽁치, 방어, 복어, 전어, 붕장어, 가자미, 도루묵, 임연수어, 조피볼락, 오징어, 연어, 송어, 대구, 명태, 상어 등 나열하기에도 많은 다양한 어종이 분포하고 있다. 이는 울릉도뿐 아니라 동해안의 어민들에게 큰 수입을 주고 있으며, 이 중 오징어는 울릉도의 특산물이 될 만큼 독도 근해에서 많이 잡히고 있다. 울릉 8경 중 하나인 저동어화(苧洞漁火)는 독도어장으로 출항하는 저동항의 오징어잡이 배 행렬을 말하는 것인데, 매우 아름답고 신비하기도 하지만 그만큼 독도 근해에서 오징어가 많이 잡히는 것을 증명해 주는 것이기도 하다.

독도 근해의 바다 생태계는 지속적으로 조사되고 있는데 현재(2012년 10월) 기준 가장 최근의 조사는 2012년 9월 3일부터 6일간 이루어진 국립수산과학원 독도 수산연구센터의 조사이다.

독도어장에는 이 외에도 전복, 소라, 홍합 등의 패류와 미역, 다시마, 김, 우뭇가사리, 톳 등의 해조류, 해삼, 새우, 홍게 및 성게 등도 많이 서식하고 있어서 독도어장의 어획량이 우리나라 수산물 시장의 수급 가격에 큰 영향을 미치고 있다.

이처럼 다양한 수산물을 다량으로 얻을 수 있는 독도 근해는 안타깝게도 중간수역으로 지정되어 있다. 독도가 우리나라의 영토임을 국제적으로 확실하게 할 수 있다면 이 근해의 어장을 우리나라 배타적 경제수역(EEZ)으로 얻을 수 있는데, 일본과 1998년 9월에 타결된 어업협정으로 일본과 같이 사용해야 하는 수역으로 지정되었다. 배타적 경제수역이란 영해 기선으로부터 200해리까지 지정할 수 있는 바다로, 연안국이 경제적 우선권을 가져갈 수 있는 수역을 뜻한다. 영해와 달리 영역에는 포함되지 않지만 타국의 어선이 들어와서 어업을 한다거나, 광물자원을 캐 가는 경우에는 법을 어긴 것으로 간주하고 나포까지도 할 수 있는 수역이다. 물론 연안국의 배타적 경제수역과 겹칠 경우에는 협정을 통하여 그 규모를 조정할 수 있으며, 우리나라의 경우 중국, 일본, 대만의 배타적 경제수역과 협정을 통해 적절히 조정을 하여 권리를 가져가고 있다.

그런데 독도근해의 경우는 우리나라의 배타적 경제수역이 없다. 12해리의 영해 이외에는 어업협정을 통해 조정된 중간수역만이 있을 뿐이다. 국제법상 어느 나라의 영역에도 속하지 않고 모든 국가에 개방되어 있는 해역인 공해(high sea, 公海)와 비슷한 실정인 것이다.

우리나라와 일본과의 중간수역은 아직 협정이 완료되지 않은 잠정어업협정 상태를 유지하고 있으며 이 중간수역에서의 단속 및 재판 관할권은 기국주의(旗國主義) 원칙을 따른다. 한일 양국은 서로의 국민과 어선에 대해 자국의 법령을 적용하지 않으며 어업협정에서 규정한 어업공동위원회의 권고에 따라 공동으로 어업자원을 보존·관리하게 되어 있다.

우리나라가 독도 근해를 일본과 공동 수역으로 이용할 수밖에 없었던 배경에는 독도의 섬으로서의 지위가 있다. 앞서 말했듯 독도는 국제법상 섬으로 인정받지 못하였다. 그에 따라 우리나라의 영토라 하여도 배타적 경제수역의 설정에는 들어가지 못하는 것이다. 그래서 우리가 주장할 수 있는 배타적 경제수역은 줄어들었고 일본과 겹치게 되었던 것이다. 그 부분이 현재 일본과의 중간수역이다. 일본은 이러한 점에 있어서 굉장히 영악한데, 그 대표적인 예로 인공 섬 오키노토리시마를 들 수 있다. 일본 본토에서 무려 1,740km나 떨어진 산호초인 오키노토리시마는 남북으로 1.7km, 동서로 4.5km 크기이지만 밀물 때 물이 들어차면 아주 일부분을 제외하고는 바다에 잠긴다. 이러한 곳에 시멘트를 들이붓고 인공 구조물을 건설해 사람이 살 수 있는 환경이라고 주장하며 일본으로부터 이 부근까지 이어진 배타적 경제수역의 권리를 누릴 뿐 아니라, 더 나아가서 주변 25만㎢의 대륙붕에 대한 독점적 개발권을 얻으려고 하였다. 하지만 유엔 대륙붕한계위원회는 오키노토리시마 주변 대륙붕에 대한 일본의 개발권을 인정하지 않는 결정을 내렸는데 이는 오키노토리시마를 섬이 아닌 암석으로 봤기 때문이다. 국제 해양법상 암석은 대륙붕을 갖지 못한다. 하지만 여전히 일본은 오키노토리시마 부근 해역과 대륙붕에 대한 미련을 떨치지 못하고 어떻게든 가져가려고 야욕을 부리고 있는 실정이다.

일본이 독도에 대한 야욕을 품는 것 또한 오키노토리시마에 시멘트를 쏟아 부은 집착과 비슷하다. 독도어장과 지하자원에 대한 권리를 가져가기 위함인 것이다. 독도 근해의 어장은 우리나라의 어업생명과 연관된 곳이므로 절대 내주어서는 안 되는 소중한 어장이다.

라. 독도의 보존과 개발

독도는 엄청난 가치를 가지고 있는 섬이다. 천혜의 자연환경을 가진 관광지로의 가치와 천연기념물로서 동식물의 보고일 뿐 아니라, 어마어마한 수산 자원이 있는 황금어장이며, 해저에 아주 큰 가치를 가진 광물자원이 매장되어 있는 섬이다.

독도의 대표적인 광물로는 메탄 하이드레이트가 있다. 메탄 하이드레이트는 불타는 얼음이라 불리는 신에너지자원이다.

　메탄 하이드레이트는 빙하기 이후 기온이 낮은 바다 깊은 곳이나 얼어붙은 땅에서 강한 압력에 의해 만들어진 메탄의 수화물이다. 전 세계 바다 밑에는 땅속에 있는 석탄, 석유, 가스의 거의 2배에 가까운 메탄 하이드레이트가 존재하는 것으로 알려져 있다. 메탄 하이드레이트가 알려진 것은 1930년대였지만 이때는 원유나 천연가스가 풍부해 별다른 관심을 받지 못했다. 하지만 점차 에너지자원이 고갈되어 가고 있으며 세계 각국의 환경보호 정책에 따라 연소 시 지구온난화물질인 이산화탄소의 발생량이 적은 청정에너지에 대한 요구가 늘어나면서 다시 메탄 하이드레이트에 대한 관심이 늘어나게 되었다.

　하지만 메탄 하이드레이트는 불안정하기 때문에 심해에 매장된 메탄 하이드레이트를 채취할 때는 첨단 기술이 동원되어야 한다. 이는 메탄 하이드레이트가 95% 이상이 메탄으로 이루어져서 용해되면 메탄가스가 그대로 대기 중으로 나가 버릴 수 있기 때문이다. 메탄은 천연가스의 주성분인데, 메탄 자체의 열 보존량은 이산화탄소의 72배에 달한다고 한다. 이것이 뜻하는 바는 메탄이 이산화탄소 이상의 온실가스가 되어 지구환경에 악영향을 줄 수도 있다는 것이다.

　그래서 아직 메탄 하이드레이트의 개발은 기초연구로 진행되며 자원을 탐사하는 정도이다. 아직은 제대로 이용되지 못하고 있는 잠재적 에너지원이지만 기술이 개발되고 나면 석유나 천연가스보다 더 이용가치가 높은 자원이 될 수도 있는 것이다.

　그러한 메탄 하이드레이트가 독도 근해에 6억 톤가량 매장된 것으로 알려지고 있다. 2004년 한국지질자원연구원의 발표에 따르면 동해와 독도 부근 9,000㎢에 달하는 지역에서 메탄 하이드레이트를 발견했다고 한다. 매장이 추정되는 곳은 해저면 아래 400~1,000m 지역으로 이 매장량이 모두 개발된다면 무려 약 200조 원의 수입대체 효과를 얻을 수 있다고 하는데 실로 어마어마한 양인 것이다.

　메탄 하이드레이트는 '지시자원' 중의 하나이다. 무언가를 가리키는 자원이라는 것이다. 무엇을 가리키는가 하면 바로 가스와 석유이다. 우리나라는 세계에서 95번째로 석유를 생산해내는 산유국이다. 기름 한 방울도 나오지 않는 국가라는 말은 더 이상 우리나라에 어울리지 않는 말이 되었다. 울산 앞바다의 동해 1가스전에서 석유가 발견된 것이다. 2004년부터 천연가스를 생산하고 있는 동해 1가스전의 배사구조에는 신생대 제3기층에 석유가 매장되어 있었다. 현재 생산되는 양은 국내 소비량에 비해서 미미하지만 이것은 큰 의미를 가진다. 동해의 다른 지역에서도 석유가 생산될 가능성이 있다는 것이

현재의 독도 접안시설

다. 특히 메탄 하이드레이트가 많은 양 매장되어 있는 독도 근해는 천연가스는 물론이거니와 석유가 매장되어 있을 가능성이 높은 것으로 보고되고 있다.

독도 해저 광물자원의 개발에 대한 것도 있지만 독도 자체의 개발에 대한 관심이 뜨겁다. 앞서 말한 바와 같이 독도의 나무심기가 한 예이다. 독도 부근은 암초가 많고 기후 조건이 좋지 않으며 현재의 선착장은 시설이 취약하여 파도가 센 날에는 배를 대기가 무척 어렵다고 한다. 독도는 관광객이 드나들기 힘든 조건을 갖추고 있다. 일반인이 연중 독도를 방문할 수 있는 날의 수는 60여 일밖에 되지 않아 울릉도 관광을 왔다가 독도에 방문하는 사람은 아주 운이 좋은 사람이라고 하기도 한다. 그러한 문제를 해결하기 위해 독도에 새로운 방파제와 선착장을 건립할 계획을 세웠다. 2013년부터 시작되기로 했던 이 계획에는 4,074억 원이 투자될 예정이었다.

독도에 관광객이 많이 온다면 그것은 분명 실효적 지배의 측면이나 여러 측면에서 도움이 되겠지만 문화재청과 환경부에서는 이를 반대하고 있다. 왜냐하면 방파제 건립 시 천연기념물인 독도가 훼손될 가능성이 높기 때문이다. 방파제의 설치로 인한 주변 조류의 변화는 독도의 암석에 영향을 끼칠 우려가 있으니 신중히 생각해 봐야 할 것이라는 입장이다.

2012년 8월 10일 이명박 대통령이 독도를 방문하였다. 우리나라 대통령이 재임 중 독도를 방문한 것은 처음 있는 일이었다. 이는 여러 가지 측면에서 큰 의미를 가지는데, 긍정적인 효과도, 부정적인 효과도 동시에 가져왔다. 이를 계기로 한일 관계는 더욱 악화되기도 했으며 독도에 관한 일본 대중들의 관심을 더 불러일으키기도 하였다. 그리고 독도의 시설물 설치와 보존에 관련되어서도 큰 결정이 내려지게 되었다. 이명박 대통령 독도 방문 이후 청와대의 발표를 요약하자면 다음과 같다.

> "독도는 영토로도 지켜져야 하지만, 친환경적으로도 지켜져야 한다. 친환경적으로 지키려면 인공시설물을 건설하지 않는 게 바람직하다. 따라서 방파제와 해양과학기지 등 새로운 시설물을 추가로 짓지 않는다는 게 청와대와 정부의 방침이다."

독도 방파제와 과학기지 건설을 전면 중단한 것이다. 이명박 대통령 독도방문 뒤 실효적 지배의 강화가 필요 없어졌다고 판단하고 환경적 보전을 강화해야 한다는 판단인 것이다. 둘 중 어느 쪽을 더 우선시하는가는 아직도 더 심사숙고해 봐야 할 일로 큰 논란을 야기하고 있다.

현재 독도에는 여러 인공 시설이 들어서 있다. 독도경비대원들과 등대지기들이 살고 있는 동도에 그 시설물이 집중되어 있는데, 그곳을 지키는 이들의 편의를 생각하면 꼭 있어야만 하는 시설들이다. 그리고 싱가포르와 말레이시아의 페드라브랑카 섬 판결과 관련해서도 실효적 지배의 측면에서 인공 시설물은 필요한 것이다. 우리나라가 독도를 실효적 지배하고 있다는 증거를 남기는 것으로는 기록이나 문서적인 측면도 있지만 시설물이 큰 부분을 차지하는 것이다. 실질적으로 이용되는 시설물뿐 아니라 비석이나 우체통 등 상징적인 시설물도 필요한 것이다. 독도의 자연은 보존되어야 할 큰 가치를 가지고 있지만 어느 정도 선에서는 타협을 통해 개발이 되어야 하는 것이 분명하다. 물론 신중한 결정과 사후관리가 필요할 것이다.

4. 세계 속의 독도

가. 독도문제의 본질

1) 일본이 독도에 집착하는 이유

최근 일본의 독도에 대한 집착은 국가 간의 외교적 도의를 벗어나고 있다. 그럼 왜 이처럼 일본은 독도에 집착하고 있는 것일까? 일본이 독도 영유권에 대한 주장을 하는 이유를 파악하기 위해서는 근본적으로 우선 독도라는 섬이 가지고 있는 가치에 대해 파악할 필요가 있다. 이에 독도가 가지고 있는 중요성을 살펴보고자 한다. 이 표면적인 독도의 가치가 곧 독도 문제의 본질을 이야기하는 것은 아니다. 독도 문제의 본질은 그렇게 단순하게 정의 내려질 수 있는 문제가 아니다. 그러나 독도가 어떤 중요성을 지니는지에 대한 앎에서부터 우리는 독도 문제의 본질의 실타래를 풀어나갈 수 있으리라 생각된다.

가) 어업적 가치

독도 주변 해역은 청정 수역으로 어업적 가치뿐만 아니라 관광 산업 개발 등의 가치가 매우 크다. 독도 근해는 리만한류에서 분리되어 나온 북한한류와 쿠로시오난류에서 분리되어 나온 동한난류가 교차하는 조경 수역 지역으로 용존산소량이 많으며 독도의 '섬 효과'로 바다의 영양염류의 용승이 활발하여 플랑크톤이 풍부하다. 독도 주변 해역은 난류성 어족인 오징어, 꽁치와 한류성 어족인 대구, 명태, 연어, 송어가 풍부하여 우리나라의 수산물 시장의 수급을 좌우할 정도로 황금어장으로 잘 알려져 있다. 또한 독도는 동해 한가운데 있는 섬으로 부근의 경관이 아름다우며 매우 특수하기 때문에 섬 그 자체가 훌륭한 관광자원이다. 푸르른 바다 가운데 세상을 비추는 촛대같이 우뚝 솟아 있는 돌섬, 독도의 자태는 그 자체만으로도 아름다운 관광 보물이다.

나) 학술적 가치

독도는 우리가 흔히 알고 있듯이 '국토의 막내', '외롭고 작은 바위섬'이 아니라 해저 약 2,000m에서부터 용암이 솟구쳐 나와 형성된 거대한 '화산성 해산'으로 우리가 볼 수 있는 독도는 이 거대한 해산의 꼭대기일 뿐이다. 독도는 약 450만 년에서 250만 년 전 사이인 신생대 3기 플라이오세 기간에 형성된 화산으로 울릉도(약 250만 년~1만 년 전), 제주도(약 120만 년~1만 년 전)보다 생성시기가 빠르다. 즉, 생성시기로 따지자면 울릉도와 제주도보다 형인 셈이다. 독도는 해저에서 형성된 베개용암과 급격한 냉각으로 깨어진 파쇄각력암이 쌓여 올라오다가 해수면 근처에서 폭발적인 분출을 일으켜 물 위로 솟다가 대기와 접촉할 때 생기는 암석인 조면암, 안산암, 관입암 등으로 구성된 '암석학의 보고'이자 해저산의 진화과정을 연구할 수 있는 세계적인 지질유적이라고 할 수 있다. 또한 화산, 해저 지형뿐 아니라 해안, 풍화 지형을 모두 보여주는 특이한 구조로 높은 가치를 지니고 있다. 이에 2012년 8월 기준 우리 정부는 독도를 '세계지질 공원'으로 지정될 수 있도록 추진 중에 있다.

최근 독도는 미생물의 보고로 알려지고 있다. 현재 독도에는 총 4속 34종의 박테리아가 발견되었고, '독도' 명이 들어간 공인된 미생물도 여러 개가 있다. 독도에서 발견된 미생물은 신약후보물질, 미생물 농약, 유용 효소 등으로 쓰일 수 있는 가능성이 크며, 특히 '동해독도'는 설사를 일으키는 병원성 대장균의 기능을 억제하는 의약품으로 활용될 전망이다. 현재 독도에서 발견된 미생물을 산업적으로 활용하기 위한 연구가 활발하게 진행 중이다.

다) 군사전략적 가치

독도는 북위 37도 14분, 동경 131도 52분 지점에 있는 동해에 위치한 섬이다. 독도는 울릉도로부터 동남쪽으로 약 92km(약 49해리) 떨어진 지점에 위치하고 있으며, 일본의 시마네현 오키도로부터는 서북쪽으로 약 160km(약 86해리) 떨어진 지점에 위치하고 있다. 이처럼 독도는 한국의 가장 동쪽 끝에 있고 동시에 동해의 가운데에 자리 잡고 있기에 국방상 매우 중요한 요충지이다. 1905년 러일전쟁에서 독도의 군사적 가치는 유감없이 발휘되었다고 한다. 현재 독도에는 방공레이더 기지가 구축되어 있어 러시아와 일본 및 북한군의 이동 상황을 파악하여 동북아 및 국가안보에 필요한 군사정보를 제공하고 있다.

라) 불타는 얼음 '하이드레이트'

최근 독도 주변 해저에는 '불타는 얼음(burning ice)'이라고 불리며 차세대 대체에너지로 주목받고 있는 가스하이드레이트(Gas Hydrates, 메탄이 주성분인 천연가스가 얼음처럼 고체화된 상태)가 국내 가스 소비량 30년분에 해당하는 약 6억t(약 150조 원) 정도가 매장되어 있는 것으로 알려져 있다. 가스하이드레이트는 화석 연료보다 환경오염이 적으며 또한 하이드레이트가 발견된 주변에는 석유가 매장되어 있을 확률도 매우 높다고 한다. 또한 독도에는 이 천연가스 하이드레이트 이외에도 인산염 광물 자원 같은 것들이 매장되어 있을 가능성을 배제할 수 없다. 이처럼 독도 주변 해역은 해양 자원이 풍부한 바다이다.

마) 상징적 가치

독도는 우리에게 있어 단순한 섬, 그 이상의 의미를 지닌다. 물론, 앞서 이야기했던 것처럼 독도는 그 자체만으로도 해양자원의 보고요, 관광자원의 보고요, 국방상 전략적 요충지임에 분명하다. 그러나 독도는 그 이상의 의미로 우리에게 다가온다. 일본 식민지 지배의 첫 희생양이었던 독도는 대한민국의 독립과 주권의 상징으로서 그 어떤 가치보다 우선한다. 한민족의 얼이 서려 있는 애국심의 표상이자, 희로애락을 함께했던 우리의 친구이자, 우리의 역사가 살아 숨 쉬며 역동하는 그런 존재인 것이다. 즉, 대한민국 국민을 하나로 뭉치게 하고, 우리가 하나 됨을 느끼게 하는 정서적인 기능을 수행하고 있는 것이다. 다시 말해, 독도는 우리 마음의 정신적 고향이자 안식처이며 지켜나가야 할 '우리 땅!'이라는 의미의 중요성을 지니고 있는 섬이다.

2) 일본의 독도 침탈

가) 독도 영유권 논쟁의 시작

한·일 간의 독도 영유권 논쟁은 언제부터 시작되었을까? 독도 문제를 언급할 때 항상 나오는 안용복 사건이 한·일 간 독도 영유권 논쟁의 시작이었다. 동래 출신의 안용복은 1693년과 1696년 두 차례에 걸쳐 일본으로 가서 울릉도와 자산도(독도)가 조선의 땅임을 주장하였고 이 사건을 계기로 조선과 일본 사이에 울릉도와 독도 영유권 분쟁이 시작되었다. 결국 2년여 간의 논쟁 끝에 1696년 1월 일본의 에도 막부는 울릉도와 독도가 조선의 땅임을 인정하고 일본 어민들에게 울릉도로 건너가지 말라는 '다케시마 도해금지령'을 내림으로써 당시 한·일 간 독도 영유권 분쟁은 끝을 맺었다.

* 출처: 동북아역사재단, 독도 바로 알기
[내용] 예전에 마쓰다이라 신타로가 이나바와 호키를 지배할 때 노중(老中)에게 문의한 호키 국 요나고의 상인 무라카와 이치베 및 오야 진키치의 다케시마(竹島; 울릉도) 도해는 지금까지 어렵을 하고 있었다 할지라도 앞으로는 다케시마(울릉도)로 가는 것을 금지해야 한다는 쇼군의 지시가 있었습니다. 그 뜻을 아시기를 바랍니다.

에도막부의 '다케시마 도해금지령'(1696년)

나) 외교적 문제의 대두

근·현대사에서 한·일 간의 독도 영유권 논쟁이 본격적으로 시작된 것은 언제부터일까? 1952년 1월 18일 이승만 대통령은 '인접 해양에 대한 주권에 관한 선언(통칭 평화선)'을 선포하게 된다. 이는 같은 해 4월 28일에 발효되는 샌프란시스코 강화 조약을 앞두고 한일 간의 어업 경계선 역할을 해 오던 '맥아더 라인'의 폐지에 대응하기 위한 조치였다. 평화선은 한·일 간의 어업 분쟁을 방지, 독도 근해의 어족 자원의 보호, 영해와 대륙붕에 대한 주권행사뿐만 아니라 대내외적으로 독도에 대한 영유권을 재확인한 조치였다. 이에 대해 일본은 평화선이 공해 자유 원칙에 위반된다고 항의함과 동시에 한국의 독도 영유권을 인정할 수 없다는 내용의 외교문서를 1952년 1월 28일 한국 정부에 보내오면서 독도 영유권 문제가 한·일 정부 간 외교적 문제로 대두되게 된다.

이에 한국 정부는 일본 정부의 항의를 반박하며, 독도가 역사적으로 오래된 한국 고유의 영토라고 다시금 주장하며 샌프란시스코 강화 조약과 관련된 문서인 1946년 1월 29일 연합국 최고사령부의 지령(SCAPIN) 제677호와 연합국 최고사령부가 훈령 제1033호를 근거로 독도가 한국 영토임을 거듭 강조한다. 일본 정부는 1953년 6월과 7월 네 차례에 걸쳐 일본 순시선에 관리 및 청년들을 태우고 와 독도 침입을 강행하였다. 이에 한국 정부는 한국 경찰대를 파견하여 독도에 매우 근접한 일본 선박들에 대해 영해에 불법으로 침입했다고 경고하였고, 불응하는 일본 선박들에 대해서는 경고 사격 및 나포하여 재판에 부치는 등 매우 완강한 입장을 취했다. 또한 민간 측에서도 '독도의용수비대'를 조직하여 직접 독도로 건너가 자발적으로 독도를 지키는 일에 앞장서는 등 독도 수호에 있어 적극적인 태도를 보였다. 그 후 이 영유권 분쟁은 한국과 일본 두 정부 사이의 외교문서를 통해 치열하게 전개되다 잠시 소강상태에 머물게 된다.

그러나 1994년 유엔에서 '신해양법'이 통과되면서 이 영유권 논쟁은 다시 수면 위로 올라오게 된다. '신해양법'의 내용 중 '독도 영유권 분쟁'과 관련된 부분은 '배타적 경제 수역(Exclusive Economic Zone: 약칭 EEZ)'을 '영해'와 같이 설정할 수 있다는 점이다. '신해양법'에 따르면 배타적 경제 수역을 선포하기 위해 기점(base point, base line)을 자기 영토에서 잡아야 한다. 즉, 독도가 어느 국가의 영토로 인정되느냐에 따라 독도를 통해 얻어지는 200해리의 영해 또한 그 소유 국가가 달라지는 것이다. 이러한 독도의 능력 때문에 독도의 해양적 가치가 더욱 높아지게 된 것이다. 독도는 비단 동해 한가운데 있는 면적 18만 7,453㎡의 작은 바위섬이 아니라 그 주변의 바다에 대한 영유권 확보의 기점으로서의 중요성을 지니게 된 것이다. 이러한 이유들도 동해 한가운데 여의도보다 작은 바위섬 독도에 대한 일본 측의 야욕이 더욱 증대되었다 볼 수 있다.

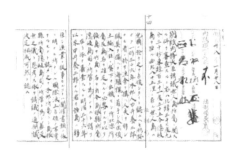

[내용] 명치 38년 1월 28일 각의 결정
별지 내무대신이 청한 안건 무인도 소속에 관한 건을 심사해 보니, 북위 37도 9분 30초, 동경 131도 55분, 오키시마[隱岐島]에서 거리가 서북으로 85리에 있는 이 무인도는 다른 나라가 이를 점유했다고 인정할 형적이 없다. 지난 1905년(메이지 36) 나카이 요사부로[中井養三郎]란 자가 어사(漁舍)를 만들고, 인부를 데리고 가 엽구(獵具)를 갖추어서 해려잡이(강차: 독도에 서식하였던 물개)에 착수하였다. 또한 이번에 영토 편입 및 대하를 출원한바, 이때에 소속 및 섬의 이름을 확정할 필요가 있으므로, 이 섬을 다케시마라고 이름하고 이제부터는 시마네현 소속 오키도사의 소관으로 하려고 하는 데 있다. 이를 심사하니 메이지 36년 이래 나카이 요사부로란 자가 이 섬에 이주하고 어업에 종사한 것은 관계 서류에 의하여 밝혀지며, 국제법상 점령의 사실이 있는 것이라고 인정하여 이를 우리나라의 소속으로 하고 시마네현 소속 오키도사의 소관으로 함이 무리 없는 건이라 사고하여 요청한 바와 같이 각의 결정이 성립되었음을 인정한다.

1905년 1월 28일 각의결정

나. 독도와 국제법

1) 일본의 독도 영유권 주장의 부당성

일본의 독도 영유권 주장 근거는 시대에 따라 바뀌었다. 1905년 1월 28일 일본 내각은 영토취득방법 중 '무주지(無主地) 선점론'을 근거로 러·일 전쟁 중 독도의 강제 편입을 승인하였고 시마네현은 같은 해 2월 22일 현 고시 제40호로 이 사실을 공포하였다. 즉, 일본 내각은 1905년 1월 28일 독도를 자국의 영토로 편입하는 근거로 "독도가 타국이 점유했다고 인정할 형적이 없는 무주지로서, 일본인에 의해 국제법상 점령한 사실이 있는 것이라고 인정하여" 독도를 자국의 영토로 편입한다는 것이었다. 그리고 1953년 7월 13일자로 보낸 외교문서에도 국제법상 영토취득에 필요한 요건으로 '영토취득의사'와 '실효적 지배의 행사'를 열거하며 '무주지 선점론'을 계속적으로 주장해 왔다.

그러나 1954년 2월 10일자 외교문서부터는 이제까지 주장해 오던 '무주지 선점론'과 함께 이와는 상반되는 '고유영토설'도 함께 주장하기 시작하였다. 즉, 이 외교 문서에서 일본정부는 현대 국제법상 영토취득의 필요요건이라 할 수 있는, ① 영토 취득에 대한 국가의 의사, ② 영토취득의사의 공적(公的) 공표(公表), ③ 영유를 완성하기 위한 적절한 영토지배권 수립을 제시하며, 일본은 독도 영유권의 취득과 관련하여 국제법상의 영토취득의 한 방법인 선점의 모든 요건을 충족시켰다고 주장하고 있다. 이와 아울러, "옛날부터 독도는 일본인들에게 알려져 있었으며 일본영토의 일부를 이루고 있다" 하며 '고유영토설'도 함께 주장하였다. 그러다 1962년 7월 13일자로 보낸 외교문서부터 일본 정부는 '선점론' 주장을 거론하지 않고, 다만 "독도가 옛날부터 일본의 고유영토였다"라며 당초의 국제법적 주장과는 다른 '고유영토설'을 주장하고 있다.

가) 일본의 '무주지(無主地) 선점이론'에 대한 부당성

무주지(無主地)인 독도를 일본 정부가 선점하여 일본의 영토로 편입시켰다고 주장한다. 1954년 2월 10일자 일본 측 외교 문서에 의하면 독도를 선점에 의하여 그 영유권을 취득한 것이라고 주장하였고 선점 요건의 하나로 "영토 취득을 위한 국가의 의사"가 표시되었다고 다음과 같이 주장했다.

> "현대 국제법상 영토 취득을 위한 요건에 관하여, 영토를 취득하려는 국가의 의사는 일본 영토에 다케시마를 추가하기 위한 1905년 1월 28일 내각회의에서의 결정의 결과로서 확인되었고, 또 1905년 2월 22일 영토를 취득하기 위한 국가의 의사의 공적 발표는 시마네 현청에 의해 발표된 고시로 이루어졌다는 것을 언급한다. 이는 당시 일본의 영토 선점을 발표하는 일본에 의해 취해진 관행에 따른 것이므로 국가의사의 공적 발표로서 상기 조치는 이 점에 관한 국제법상의 요건을 충족한 것이다."

나) 국제법적 선점(先占)이론

국제법상 '선점'이란 어떤 나라에도 귀속되어 있지 않은 무주의 토지를 새로 발견하거나 전에 통치하던 국가가 포기한 지역을 다른 국가보다 먼저 실효적으로 지배함으로

써 성립되는 영토취득의 권원이다. 단 극지는 제외된다.

선점요건에는 ① 무주지일 것, ② 국가의 행위에 의할 것, ③ 선점 사실을 이해관계국에 통고할 것 등이 있다.

다) 일본 선점론 주장의 모순

① 무주지일 것: 독도는 지증왕 13년(512년) 신라에 복속된 이후 한국의 실효적 지배가 이어져 왔던 곳이다. 무주지란 어떤 국가에도 귀속되지 않은 지역 혹은 국가 영역으로서의 통치를 떠나 유기된 지역이다. 영역의 유기 또는 포기는 국가가 포기 의사를 명시적·대외적으로 하지 않았다면 이를 포기한 것으로 보지 않는다. 일본은 조선 정부의 울릉도와 독도에 대한 쇄환정책(刷還政策)은 울릉도와 독도에 대한 영역의 유기라고 주장하나 조선의 쇄환정책은 백성들을 보호하기 위한 것이었고 정기적으로 수토관을 파견하여 울릉도와 독도를 관리하였다. 또한, 1900년 10월 25일 대한제국 칙령 제41호를 통해 울릉도를 울도군으로 승격시키고 군수를 파견하여 울릉도와 죽도, 석도(독도)를 관할하도록 하였다.

② 국가의 행위에 의할 것: 국제법상 선점의 주체는 국가이며 선점 의사는 대외적으로 국가에 의해 표시되어야 하나 시마네현은 지방관청으로 국제법상 의사를 대외적으로 표시할 수 있는 기관이 아니다. 즉 시마네현 고시는 국제법상 아무런 효력이 없다.

③ 선점 사실을 이해관계국에 통고할 것: 1905년 독도 편입을 일본은 한국에 전혀 통고하지 않았다. 국제법상 무인도인 독도는 이해관계국인 한국에 대한 통고가 필요하다. 일본은 1905년 2월 22일에 "시마네현 고시"로 그 현에 편입 선점을 완료했고, 그 후 한국의 항의가 없었다고 주장한다. 그런데 1905년 당시 일본은 을사보호조약으로 한국의 외교권을 박탈해 독도의 일본 편입에 대해 한국이 정식 항의할 입장에 있지 않았다는 점을 간과하고 있다.

라) 일본의 '고유영토설'에 대한 부당성

일본은 이승만 대통령의 '인접 해양에 대한 주권에 관한 선언(일명 평화선)'으로 한일 간 독도를 둘러싼 공방이 벌어졌을 때인 1953년 7월 '다케시마에 관한 일본 정부의 견해'와 1962년 7월 13일자 외교 문서에서 "독도는 일본 고유의 영토"라고 주장해 왔고 최근까지 이러한 주장은 계속되고 있다. 지난 2002년 4월 9일 일본 정부는 "일본 고유의 영토가 타국의 위협에 직면하고 있는 사실을 간과해서는 안 된다"며, "한국이 시마네현의 다케시마의 영유권을 주장하고 있다"고 기술한 한 고등학교 역사교과서에 대해 합격판정을 내렸다. 또한, 2008년 2월 일본 외무성은 일본이 17세기 독도에 대한 영유권을 확립했다고 함으로써 독도에 관한 '고유영토설'을 공식화하였다. 이는 1905년 편입 이전부터 독도는 무주의 영토가 아니라 일본의 고유영토라는 것이다.

- 일본의 주장 1: 일본은 옛날부터 다케시마의 존재를 인식하고 있었다.

오늘날 '다케시마'는 일본에서 일찍부터 '마쓰시마'로, 울릉도는 '다케시마(이소다케시마)로 불렸으며 '개정일본여지노정전도'(1779년 초판)를 비롯한 각종 지도와 문헌에서 울릉도와 다케시마를 한반도와 오키제도 사이에 정확하게 기재하고 있음을 확인할 수 있다.

- 일본의 주장 1에 대한 반론

일본은 1846년판 개정 '개정일본여지노정전도'를 내세워 독도가 자신의 영토라고 주장하고 있으나 1779년 초판 '개정일본여지노정전도'(1779년)와 '삼국접양지도'(1785년)를 보면 채색을 통해 영토를 명확히 구분해 놓았는데 독도는 조선의 영토와 같은 색으로 칠해져 있다. 이를 보아 당시 일본은 독도를 조선의 영토로 인식하고 있었다.

또한, 일본의 메이지 정부 시기 조선에 파견된 관리가 제출한 '조선국교제시말내탐서(朝鮮國交際始末內探書)'에서 "죽도(울릉도)와 송도(독도)가 조선에 속하게 된 경위"라는 보고서를 보면 울릉도와 독도를 조선의 영토로 인식하고 있음을 알 수 있다.

* 출처: 동북아역사재단, 독도의 진실
[내용] 죽도(竹島: 울릉도)·송도(松島: 독도)가 조선의 부속이 된 경위. 송도(독도)는 죽도(울릉도) 옆에 있는 섬이다. 송도에 관해서는 지금까지 기록된 바가 없으나, 죽도에 관한 기록은 원록 연간(元祿\年間)에 주고받은 서한에 있다. 원록 연간 이후 한동안 조선이 사람을 파견해 거류하게 했으나 이제는 이전처럼 무인도가 됐다. 대나무와 대나무보다 두꺼운 갈대가 자라고 인삼도 저절로 나며 그 외 어획도 어느 정도 된다고 들었다. 이상은 조선의 사정을 현지에서 정찰한 내용으로 그 대략적인 것은 서면에 기록한 대로다. 일단 귀국해서 사안별로 조사한 서류, 그림, 도면 등을 첨부해 보고하겠다.

조선국교제시말내탐서(1870년)

– 일본의 주장 2: 일본은 울릉도로 건너갈 때의 정박장으로 또한 어채지로 다케시마를 이용하여, 늦어도 17세기 중엽에는 다케시마의 영유권을 확립했다.

1618년 돗토리번 호우키노쿠니 요나고의 주민인 오야 진키치, 무라카와 이치베는 돗토리번주를 통해 막부로부터 울릉도(당시 다케시마) 도해 면허를 받아 전복 채취, 강치 포획, 대나무 등의 삼림 벌채에 종사하였고 울릉도로 가는 길목에 해당하는 다케시마는 항행 도중의 정박장으로서 자연스럽게 이용되었다. 즉, 일본은 늦어도 에도시대 초기인 17세기 중엽에는 다케시마의 영유권을 확립하였다.

– 일본의 주장 2에 대한 반론

일본은 독도가 자국의 고유 영토라는 주장의 근거로 '죽도(울릉도)도해면허'와 '송도(독도)도해면허'를 제시하고 있다. 그러나 '도해면허'란 타국의 영토로 넘어갈 때 자국에서 발행해주는 면허로, 만약 일본이 울릉도와 독도를 자국의 영토로 인식했다면 '도해면허'가 필요가 없었을 것이다. 즉 '죽도도해면허'와 '송도도해면허'는 일본이 울릉도와 독도를 자국의 영토로 인식하고 있지 않았다는 반증이 된다.

– 추가적 반론

위의 일본의 두 가지 주장에 대한 반론뿐만 아니라 또 다른 역사적 근거를 제시하자면, 첫째, 『삼국사기』에 의하면 독도는 신라 지증왕 13년(512년) 하슬라주(지금의 강릉) 군주였던 이사부 장군에 의해 복속되었으며, 둘째, 조선시대에는 울릉도와 함께 독도를 강원도 울진현에 부속을 시켰다. 셋째, 1693년과 1696년 두 차례의 안용복 사건을 통해 일본의 에도 막부는 일본인들에게 도해금지명령을 내렸으며, 넷째, 1900년 10월 25일 대한제국은 칙령 제41호를 선포하고 울릉도를 울도군으로 승격시켜 군수를 파견하였다. 이 같은 역사적 사실은 독도가 일본의 고유영토가 아님을 증명하는 것이다.

2) 신한일어업협정과 독도

1994년 유엔에서 '신해양법'이 통과되면서 각국에서는 배타적 경제수역(이하 EEZ)을 선포한다. 우리 정부도 EEZ를 선포하기 위해 기점을 잡는데 독도 기점이 아닌 울릉도를 기점으로 잡게 된다. 우리 정부는 신해양법 제121조 제3항에 의거 독도는 무인도로서 암석(rock)이므로 EEZ의 기선이 될 수 없다고 해석하여 독도 기점을 포기하고 울릉도를 한국의 EEZ 기점으로 잡는다. 당시 정부는 어업협정은 독도영유권과는 관계가 없으며, 특히 협정 제15조에 "이 협정의 어떠한 규정도 어업에 관한 사항 외의 국제법상의 문제에 관한 각 체약국의 입장을 해하는 것으로 간주되어서는 안 된다"라고 규정하였으므로 독도의 영유권 문제에는 영향을 주지 않는다고 하였다. 그러나 '신한일어업협정'과 관련하여 독도의 영유권에 영향을 주는가에 대한 논쟁은 아직도 지속되고 있다.

가) 독도는 섬인가? 암석인가?

'해양법에 관한 국제연합 협약' 제8부 '섬의 제도'(제121조) 제1항에, 섬이라 함은 바닷물로 둘러싸여 있으며, 밀물일 때에도 수면 위에 있는, 자연적으로 형성된 육지지역을 말한다, 제2항에, 제3항에 규정된 경우를 제외하고는 섬의 영해, 접속 수역, 배타적 경제수역 및 대륙붕은 다른 영토에 적용 가능한 이 협약의 규정에 따라 결정한다, 제3항에, 인간이 거주할 수 없거나 독자적인 경제활동을 유지할 수 없는 암석(바위섬)은 배타적 경제수역이나 대륙붕을 가지지 않는다고 규정되어 있다. 즉, 이 규정에 따르면 독도는 제1항에 만족하므로 '섬'이라 할 수 있고, 즉 제2항에서도 영해, 접속 수역, 배타적 경제수역 및 대륙붕까지 가질 수 있다. 제3항에서처럼 독도가 암석(바위섬)이더라도 배타적 경제수역 및 대륙붕을 가지지 못할 뿐이지 영해나 접속수역은 가지는 것이다. 따라서 독도는 국제법상 섬이라고 할 수 있다.

나) 신한일어업협정 폐기론

'신한일어업협정'의 폐기를 주장하는 이들은 '신한일어업협정'으로 인해 독도는 공해 상의 명확하지 않은 섬이 되었고 영토 주권에 심각한 침해를 입었다고 주장한다. 어업권은 결국 주권과 분리될 수 없는 부분이며 향후 광물자원 개발, 대륙붕 경계 획정 등의 기능을 할 수도 있다는 것이다. 또한 제15조 규정 "어업에 관한 사항 외의 국제법상의 문제에 관한 각 체약국의 입장을 해하는 것으로 간주되어서는 안 된다"에 대해서도 한국의 입장에서는 '독도의 영유권을 해하지 않는다'로 해석되지만 일본의 입장에서는 '다케시마의 영유권을 해하지 않는다'로 해석이 되는 효과가 발생하게 된다고 주장하고 있다.

다) 신한일어업협정 폐기 반대론

정부와 '신한일어업협정' 폐기 반대를 주장하는 이들은 '신한일어업협정'은 어업에 관한 사항만 다룬 협정이며, 제15조에도 명시를 하였으므로 독도 영유권 훼손에는 아무런 영향을 주지 않는다고 주장한다. 이에 대한 국제적 사례로 프랑스와 영국의 멘키·에클레오 영유권 분쟁사건에서 어업협정을 체결하여 공동어로 수역을 설정한 것이 영유권에 아무런 영향을 주지 않았다는 사례를 들고 있다. 첫째, 독도는 영토분쟁 대상이 아니며, 둘째, '신한일어업협정'은 제15조를 통해 독도의 영유권을 다룬 것이 아니라 명시하였고 중간수역이라는 용어는 편의상 기술에 불과하며, 셋째, 멘키·에클레오 영유권 분쟁사건의 사례에서 알 수 있듯이 독도의 영유권에는 영향을 주지 않는다는 것이다.

다. 일본의 영토 분쟁 지역 그리고 독도

독도 문제에 대한 보다 정확한 인식과 해결 방안 모색을 위해서는 독도 이외에 현재 일본의 영토 분쟁 지역을 살펴볼 필요가 있다. 현재 일본의 영토 분쟁 지역은 독도뿐 아니라 센카쿠열도(중국명: 댜오위다오), 쿠릴열도가 있다. 일본은 현재 분쟁이 되고 있는 독도, 센카쿠열도, 쿠릴열도 이 3개의 지역 가운데, 센카쿠열도만 실효적 지배를 하고 있다. 독도의 경우는 우리가, 쿠릴열도는 러시아가 실효적으로 지배하고 있다. 일본은 실효적 지배를 하고 있는 센카쿠열도의 경우에는 자국의 실효적 지배에 대하여 국제법 및 역사적인 타당성을 강조하는 반면, 독도와 쿠릴열도의 경우에는 실효적 지배가 인정될 수 없다고 주장하며 이는 국제법 및 역사적으로 불법임을 강조하는 입장을 취하고 있다.

1) 센카쿠열도(조어도, 댜오위다오) 분쟁

일본 오키나와 서남쪽 약 400km, 중국 대륙 동쪽 약 350km, 대만 북동쪽 190km 정도 떨어진 동중국해상에 위치한 5개 섬과 3개의 암초로 구성된 전체 면적 6.3㎢에 불과한 지역이다. 역사적으로 중국이 영유권을 가지고 있는 것으로 인정되고 있으나 청·일 전쟁에서 일본이 승리함으로써 '시모노세키 조약'에 의해 이후 일본이 실효적 지배를 해오고 있다. 그동안 중국은 센카쿠열도에 대한 영유권 주장을 강하게 제기하지 않다가 1970년대 석유 매장 가능성과 배타적 경제수역의 기점 및 대륙붕 경계선 미확정, 동중국해의 해상교통 요충지로 지정학적 관심이 커지면서 본격적으로 영유권 분쟁이 시작되었다. 2010년 센카쿠 해역에서 조업하던 중국어선이 일본 순시선과 충돌하는 사건이 발생하였는데 이때 일본은 중국어선을 나포하고 선장을 체포하였다. 이에 중국은 첨단제

품의 주요 원료인 희토류의 일본 수출 중단이라는 경제적 보복 조치를 취하기도 하였다. 2012년에는 홍콩 시위대의 댜오위다오(센카쿠) 상륙과 일본의 센카쿠(댜오위다오)의 국유화, 이에 맞선 중국의 영해 기선 선포와 해양감시선 파견 등 양국 간의 갈등은 영유권 분쟁을 넘어 민족주의적 국민감정까지 개입이 되어 반일, 반중 감정 및 상대국 제품의 불매운동 등 최절정으로 치닫고 있다.

2) 쿠릴열도(북방영토) 분쟁

일본의 홋카이도와 러시아의 캄차카반도를 잇는 50여 개의 쿠릴열도 섬 중 최남단 2개 섬(이투룹섬, 쿠나시르섬)과 홋카이도 북쪽의 2개 섬(하보마이 군도, 시코탄섬)에 대한 일본과 러시아의 영유권 분쟁을 말한다. 역사적으로 일본이 영유권을 가지고 있는 것으로 추정되나 제2차 세계대전 이후 1945년 2월 얄타협정에 의해 러시아가 실효적 지배를 해 오고 있다. 최근 러시아는 냉전시대의 종식으로 쿠릴열도의 전략적 가치가 상대적으로 저하된 상황에서 에너지 공동 개발은 물론 일부 섬(시코탄, 하보마이)의 반환 가능성까지 언급하기까지 하였다. 그러나 메드베데프 총리는 2010년에는 대통령으로서, 2011년에는 총리로서 쿠릴열도를 방문하는 등 '실효적 지배'를 강화하기 위한 조치들을 취하면서 러·일 간의 관계가 급속히 냉각되기도 했다. 다만 2009년 5월 방일 시 하보마이 군도와 시코탄 등 2개 지역은 일본에 양도할 수 있다는 뜻을 나타내기도 했던 푸틴이 2012년 재집권하면서 새로운 양상을 맞이할 것으로 예상되고 있다.

3) 영토 분쟁 지역에 대한 일본의 의도와 대응

현재 일본은 동해에서는 한국과 독도를, 북쪽에서는 러시아와 쿠릴열도를, 남쪽에서는 중국과 센카쿠열도의 영유권 분쟁을 하고 있다. 이처럼 일본이 주변 국가로부터 고립을 감수하면서까지 영유권 분쟁을 하는 의도는 무엇일까? 일본이 주장하고 있는 배타적 경제수역(EEZ) 범위를 보면 알 수 있다. 일본은 19세기 말부터 수산 및 해저자원 확보를 위해 무인도 선점을 해 왔는데 동쪽으로는 미나미토리섬, 서쪽으로는 독도, 남쪽은 센카쿠열도, 북쪽은 북방영토를 모두 자국 영토라고 주장하고 있다. 만약 일본이 주장이 모두 인정될 경우 일본 본토의 12배에 달하는 배타적 경제수역을 확보하게 된다.

일본은 독도 영유권 문제를 국제사법재판소에 회부하여 해결하자고 주장을 해 오고 있다. 그렇다면 러시아가 실효적 지배를 하고 있는 쿠릴열도에 대해서도 일본은 같은 주장을 하고 있는 것일까? 그렇지 않다. 쿠릴열도의 경우는 러시아가 불법으로 점거하고 있다고 주장하면서도 국제사법재판소에서의 해결을 주장한 적은 없다. 단지 일본 측은 외교적인 정책에 의해 러시아와의 영토 분쟁 문제를 해결하려 하고 있다. 그렇다면 왜 일본은 독도와는 다르게 쿠릴열도에 대해서는 이러한 외교적인 정책만을 취하는 것일까? 일본의 이러한 서로 다른 기준의 잣대는 어떻게 설명될 수 있을까? 바로 미국과의 관계라는 키워드로 이 문제는 설명된다. 독도 영유권 분쟁 문제에 대해서는 미국의 지원을 받을 수 있으나, 쿠릴열도의 영유권 분쟁은 미국의 지원을 기대할 수 없는 입장이기 때문이다. 그러므로 일본에게 있어 이러한 영토분쟁 문제란 역사적 사실에 바탕을 둔 인식을 통한 진실게임이 아니라 미국이라는 강대국과의 정치적 역학관계에 의한 힘의 논리일 뿐인 것이다. 1965년 한일협정 체결 이후에도 암묵적으로 국제사법재판소에서의 해결 방식의 고수를 주장하는 일본의 속마음에는 미국의 지원을 받을 수 있을 때 독도 문제를 외교카드로 사용해 어떻게든 독도에 대한 공동 관리권을 얻어내고자 하는 데 있다고 보인다.

독도에 대해서는 이렇게 국제사법재판소를 통한 해결 방식을 고수하는 일본이 자국이 실효적 지배를 하고 있는 센카쿠열도에 대해서는 어떤 입장을 취할까? 센카쿠열도에 대해 실효적 지배를 하고 있는 일본은 혹시 상대국인 중국이나 대만이 국제사법재판소에 이 문제를 제소하는 움직임을 보여도 받아들이지 않겠다는 입장이다. 이러한 일본의 주장은 너무나 이기적인 주장들이다. 결국 이러한 일본의 주장은 자신들의 논리는 모두 옳고 상대방의 논리는 모두 틀리다는 억지 논리인 셈이다.

4) 일본은 왜 독도를 국제사법재판소로 보내려 하나?

앞에서도 언급했듯이 현재 일본의 영토 분쟁 지역인 독도, 쿠릴열도, 센카쿠열도 중 국제사법재판소 회부를 주장하고 있는 지역은 오직 독도뿐이다. 일본은 패소가 예상되는 쿠릴열도나 승소해도 별 이득이 없는 센카쿠열도에 대해서는 국제사법재판소 회부를 거부하면서 유독 독도에 대해서만 회부를 주장하고 있다. 이유는 독도는 한국이 실효적으로 지배하고 있으므로 패소하더라도 별 손해 볼 것이 없기 때문이다.

일본은 1952년 1월 18일 우리 정부의 '평화선 선언' 이후 우리 정부의 독도 근해에서의 일본어선 나포와 1954년 독도경비대 막사 건립 및 등대 점등에 대한 항의로 1954년

9월 25일 일본 측 구술서를 통해 처음으로 국제사법재판소 회부 제안을 한 바 있다. 그럼 일본은 어떤 근거에서 독도 문제를 국제사법재판소에 회부했을 때 승리를 자신하고 있는 것일까? 첫째는 독도가 일본의 고유한 영토였다는 역사적 권원(고유영토론)이고, 둘째는 1905년 시마네현 고시를 통한 독도 영토편입이 국제법 절차상 하자가 없다고 생각하는 영토편입설(무주지 선점론)이다. 셋째는 만약 독도 문제를 국제사법재판소에 회부했을 경우 이른바 '결정적 기일(Critical Date)'이 적용되는데 일본은 이 '결정적 기일'을 1952년 1월 18일 '평화선 선포'로 보고 있다. 즉, 국제사법재판소가 '결정적 기일'을 우리 정부의 '평화선 선포'로 볼 경우 '평화선 선포' 이후의 한국의 독도에 대한 주권적 조치들은 실효적 지배의 증거로서 영향을 미치지 못한다는 것이다. 그래서 일본은 우리의 '평화선 선포' 이후 끊임없이 독도 문제에 대해 항의하고 외교적으로 언급함으로써 독도를 분쟁지역화하려는 것이다.

2012년 8월 10일 이명박 대통령은 헌정 사상 처음으로 대통령으로서는 재임 중 독도를 전격적으로 방문하였다. 이명박 대통령의 독도 방문은 최근 우경화되고 있는 일본 정부의 잘못된 역사 인식에 대한 경고이자 독도가 한국의 영토임을 대내외에 천명한다는 강한 의지를 보여준 점에서 큰 의미를 갖고 있다. 그러나 다른 한편으로는 독도가 국제 분쟁 지역화될 수 있다는 비판도 따르고 있다. 또한 일본 정부도 독도 문제를 국제사법재판소에 단독 제소 추진을 하겠다고 하고 있다.

먼저 국제사법재판소(ICJ: International Court of Justice)에 대해 간단하게 알아보자. 국제사법재판소는 국제연합(UN) 산하기관으로 국제법에 의거하여 국가 간의 분쟁을 해결하는 역할을 수행하는 기관으로 1945년 설립되었고 현재 네덜란드 헤이그에 위치해 있다.

그럼 과연 일본은 독도 문제를 국제사법재판소에 단독 제소를 할 수 있는 것일까? 답은 "불가능하다"이다. 국제사법재판소 규정 제36조 제2항을 보면 '선택 조항'을 수락한 국가들 간에는 어느 한 국가만의 제소가 있어도 상대국이 재판에 응하지 않으면 국제사법재판소가 재판을 진행할 수 있다. 즉, 여기서 '선택 조항'은 '강제관할권'으로 한 국가가 영토 문제 등과 관련해 제소를 하면 국제사법재판소가 상대방 국가에 재판에 참석하라고 강제할 수 있는 권한이다. 현재 '강제관할권'을 수용한 국가는 유엔 가맹국 193개국 중 67개국이며 일본은 1958년 수락하였고 한국은 1991년 국제사법재판소 가입 당시 '강제관할권'을 유보하였다. 유엔안보리 상임이사국 가운데는 강제관할권을 수락한 국가는 영국뿐이다. 많은 국가가 강제관할권을 수락하지 않고 있는 것은 국가 주권에 관한 문제를 국제사법재판소에 맡기는 것에 대해 신중하게 판단하고 있기 때문이다. 따라서 우리나라의 동의가 없는 한 일본 단독으로 국제사법재판소에 독도 문제에 관한 분쟁을 제소할 수 없다. 최근 일본은 국제사법재판소에 영토 문제가 제소될 경우, 상대국이 의무적으로 응하는 강제관할권 수락을 한국 등에 요구하기로 했다. 이는 독도를 비롯해 중국과 주변국 간의 동중국해 영유권 분쟁 등을 염두에 둔 것으로, ICJ 강제관할권을 수락하지 않고 있는 한국과 중국을 압박하기 위한 것이다. 이 신문은 "일본은 의무적관할권을 수락하고 있는 만큼 이를 수용하지 않는 한국 중국과의 차별화를 부각하고, 일본 주장의 정당성을 국제사회에 알리려는 것"이라고 전했다.

라. 독도 지킴이들

1) 독도를 지켜 온 사람들

가) 이사부

신라 17대 내물왕의 4대손으로, 지증왕에서 진흥왕대까지 신라를 대표하던 장군으로 태종(苔宗)이라고도 한다. 하슬라주(阿瑟羅州)(현재 강원도 강릉) 군주가 되어 지증왕 13년(512)에 우산국(于山國)을 복속시키고 해마다 토산물을 바치게 한다.

> 그 나라 사람들이 어리석고 사나워서 위력으로는 항복받기 어려우니 계략으로써 복속시킬 수밖에 없다 생각하고, 이에 나무 사자를 많이 만들어 전선(戰船)에 나누어 싣고, 그 나라 해안에 다다라 거짓으로 말하기를 "너희들이 항복하지 않으면 이 맹수를 풀어놓아 밟아 죽이겠다"고 하였는데, 우산국 백성들이 두려워서 즉시 항복했다.
> —『삼국사기』, 권4

나) 안용복

부산 동래 출신의 어부로 숙종실록의 기록에 의하면 1693년, 1696년 두 차례에 걸쳐 일본으로 건너가 울릉도와 독도가 조선 땅임을 주장한다. 이 같은 안용복의 활약으로 일본의 에도 막부는 울릉도 도해금지명령을 내렸고 또한 이 사실(史實)을 근거로 일본의 메이지 정부도 1877년 울릉도와 독도가 일본과는 관계가 없는 조선의 영토라는 것을 재확인했다.

다) 이규원

안용복 사건 이후 조선 정부는 울릉도를 비우는 수토정책을 폈다. 1881년 울릉도를 살피던 수토관이 일본인들이 울릉도에 들어와 무단 벌목한다는 사실을 적발하게 되고 이 사실은 조정에 보고된다. 이에 조선 정부는 이규원을 울릉도 검찰사로 임명하고 울릉도를 조사하도록 한다. 울릉도로 파견된 이규원은 울릉도의 지형과 토지 비옥도, 해산물 등을 구별하여 '검찰일기'에 기록하였다. 또한 일본인들이 표목을 세우고 벌목을 하고 있는 사실도 보고하였다. 이규원의 보고로 조선 정부는 일본에 항의 서한을 보내고 곧바로 울릉도 재개척 사업을 시작하게 된다. 또한, 이규원의 검찰보고로 울릉도에서 400여 년간 실시되었던 쇄환정책과 수토정책이 풀리면서 울릉도 관리정책이 수립되었다.

라) 울릉도·독도학술조사단

울릉도·독도학술조사단은 1947년 당시 민정 장관 안재홍을 중심으로 했던 과도 정부의 수색 위원회를 중심으로 학자, 산악인, 사진가, 언론인, 공무원 등 총 72명이 참가한 범국가적인 울릉도·독도학술조사단이 창설된 현지 연구를 위한 조사단이었다. 한국 정부는 1952년 샌프란시스코강화조약의 체결로 일본의 울릉도·독도의 접근이 불가능해졌음에도 일본 어민의 불법적인 독도 상륙이 빈번함을 인지하고 한국산악회독도조사단을 구성하여 1953년 10월 독도에 불법으로 세워진 '다케시마(竹島)' 표석을 뽑고 그 자리에 '독도' 표석을 세웠다. 또한 이 조사단의 활동으로 울릉도 주민들이 독도를 '독섬'이라고 부르는 사실도 알려졌다.

마) 독도의용수비대

1953년부터 약 3년 8개월간 일본의 무단침입으로부터 독도를 지킨 순수 민간 조직이다. 한국은 1950년 6·25전쟁으로 혼란에 휩싸이게 되고 이러한 혼란을 틈타 일본인들은 독도를 무단 상륙한다. 또한 1948년 미군의 폭격 연습으로 희생된 한국 어부의 위령비를 파괴하고 '시마네현 오키군 다케시마(島根縣隱岐郡竹島)'라는 나무 표지판을 세우는 등 불법 영토 침략을 공공연히 저질렀다. 이에 이를 더 이상 두고 볼 수 없었던 울릉도 주민들은 한국전쟁에 특무상사로 참전했던 홍순칠을 중심으로 독도의용수비대를 조직한다. 독도의용수비대는 경찰의 지원을 받아 일본의 빈번한 침범으로부터 독도 수비를 도왔다.

2) 독도를 지키는 사람들

가) 독도에 거주하고 있는 사람들

1968년부터 울릉도 주민 최종덕 씨에 의해서 독도에 주민이 상주하기 시작했다. 최종덕 씨는 독도에서 어로 활동을 하다가 독도에 건물을 짓고 상주했고, 1981년 10월에는 독도가 일본땅이라는 일본의 망언에 항의해 주민등록을 옮겨 1987년 사망할 때까지 독도에서 거주했다. 최종덕 씨가 작고한 뒤 딸 최경숙·조준기 씨 가족은 독도 최초로 일가족이 모두 거주하였고 1986년 7월부터 8년간 거주하였다. 또한 아들 조강현 씨는 독도 출생 1호 주민이다. 현재 서도에는 1991년 11월 독도로 이사 온 김성도·김신렬 씨 부부와 독도 관리 사무소 소속 직원 2명이 어민숙소에 거주하고 있다. 동도에는 독도경비대원 30여 명과 등대 관리원 3명이 거주하고 있다. 독도에 거주하고 있지는 않지만 독도로 등록 기준지(구 호적)를 옮긴 사람은 2011년 8월 현재 약 2,519명에 이른다.

나) 독도경비대

1956년 12월 25일 독도의용수비대가 완전히 철수하고 이후에는 경찰이 직접 독도에 상주하면서 독도 경비를 담당하였다. 이러한 노력 끝에 1996년 6월 27일 경북지방경찰청 울릉 경비대가 창설되었다. 그리고 그 산하에 독도경비대를 두었다. 현재는 동도에는 헬기장 및 첨단 경비시설이 갖추어져 있고 2개월마다 울릉경비대 34명이 교대 근무하고 있다.

3) 독도를 지키기 위한 다양한 활동들

앞서 이야기했던 사례들처럼 우리는 우리의 삶과 겨레의 얼이 어우러져 있는 독도를 지키기 위해 지금도 노력하고 있다. 이러한 독도를 지키는 활동은 정부와 민간의 구분 없이 여러 측면에서 다양하게 이루어지고 있다. 문화재청은 독도를 1982년 천연기념물 제336호로 지정하였고, 1999년 '천연보호구역'으로 변경하였다. 환경부는 2000년에 독도를 '특정 도서'로 지정하여 자연환경과 생태계 보호에 힘을 쓰고 있다. 또한 국회는 '독도의용수비대 지원법' 시행령을 제정하여 의용 수비대원의 정신을 기리고 유족에 대한 지원을 하고 있다. 경상북도 의회는 '독도수호특별위원회'를 구성하고 2005년 7월 '독도의 달' 조례를 공포하고 매년 10월을 '독도의 달'로 지정하였다. 또한 경상북도는 안용복 재단을 설립하여 독도 관련 연구와 각종 관련 사업을 지원하고 있다. 울릉군에서도 독도관리사무소와 독도박물관 운영을 통해 독도교육 및 홍보에 힘쓰고 있다.

4) 독도를 지키기 위한 모임

독도를 연구하는 대표적 정부 기관으로는 정부 산하 동북아역사재단 독도연구소, 한국해양수산개발원 독도·해양영토연구센터, 한국해양과학기술원 동해연구소 등이 있으며 경상북도 지역을 중심으로 학술 연구 단체가 활발하게 활동하고 있다. 경북대학교 울릉도·독도연구소, 영남대학교 독도연구소, 경일대학교 독도간도연구센터는 독도 관련 자료를 수집·정리하며 각종 학술 대회를 통해 공유물을 공유하고 있다. 시민운동 단체의 활동으로는 사이버외교사절단 반크, 독도본부, 사이버독도닷컴, 독도수호대, 독도의병대 등이 국내외 독도 홍보에 힘을 쏟고 있다. 또한 경상북도에서도 '사이버 독도' 공식 홈페이지를 운영하고 있다.

5) 미래 세대에게 전하는 독도를 위한, 그리고 우리를 위한 메시지

우리 세대는 세계화로 인해 국경도 사라지고 어떤 나라와도 자유롭게 교류하고 거주할 수 있는 시대에 살고 있다. 우리나라 반대편에서 일어나는 소식들도 언제든지 들을 수 있는 그런 시대에 살고 있다. 이렇게 세계가 하나가 되어 가고 있는 상황에서 일본이 역사적으로 대한민국의 영토임이 분명한 독도를 탐내어 문제를 일으키는 것은 시대착오적인 행위가 아닐 수 없다. 일본이 아무리 독도를 자신의 영토라고 주장해도 모든 역사적 증거들이 독도가 우리나라 땅임을 가리키고 있다. 그러나 계속해서 일본은 독도가 자기 영토라고 우기며 우리를 도발하고 있다. 우리는 일본의 이러한 독도 도발에 과민하게 반응하거나 감정적으로 대응할 필요가 없다. 과민하게 반응하거나 감정적으로 대응하면 일본은 이를 빌미로 독도를 분쟁 지역화하려 할 것이다. 이는 독도 영유권 분쟁에 있어 일본 정부에 유리하게 작용될 뿐이다. 오히려 일본 정부가 우리를 계속해서 이해할 수 없는 논리로 도발한다 할지라도 차분히 역사적·법률적 관점에서 명확한 증거들로 반박한다면 일본 정부의 독도 영유권 주장은 그 스스로 자멸될 것임이 분명하다. 그러나 이러한 논박 속에서 우리 또한 중요한 사실을 간과해서는 안 된다. 그 사실이란 일본이라는 국가가 과거 우리나라를 식민 지배한 국가라 할지라도 앞으로 미래의 역사에 있어서는 동아시아의 번영과 평화를 위해 함께 새 역사를 구축해야 할 동반자적 관계에 있는 이웃 국가라는 점이다. 이러한 측면에서 우리 내부에 존재하는 과도한 내셔널리즘에 대해서 스스로 경계할 필요가 있을 것이다. 독도 문제로 인해 일본 전체를 부정하기보다는 좀 더 넓은 시야를 가질 필요가 있다. 일본 극우 세력들은 독도를 일본 영토라 강력히 주장하고 있지만, 이에 반해 일본 사회의 양심적 세력들은 독도가 한국 영토임을 인식하고 일본 정부가 이에 대해 스스로를 반성할 것을 촉구하고 있다. 뿐만 아니라 더 이상의 역사 왜곡은 없어져야 할 것이며, 일본 정부의 올바른 역사 인식이 선행되어야 함을 주창하고 있다. 이제 우리는 동아시아의 갈등을 해소하고 동아시아의 평화와 번영을 위해 일본 사회의 양심적 세력과 협력할 필요가 있다. 이러한 자세가 우리가 적극적으로 우리의 역사를 새롭게 만들어가는 하나의 밑거름이 될 수 있으리라 생각한다. 분명한 대한민국 영토인 대한민국 동쪽 끝 아름다운 우리 섬 독도! 이 아름다운 섬 독도를 지키기 위해서는 기성세대의 노력 또한 수반되어야 하겠지만 무엇보다 다음 세대를 이끌어 나갈 우리 청소년들의 올바른 역사 인식에 입각한 지혜가 필요하다고 생각한다.

2장
초등교육에서의 독도교육

1. 초등교육에서의 독도교육 추진 방향

가. 교육과정 속의 초등 독도교육

1) 서론

독도·이어도 인근 '불법조사' 사전 차단

日 노다, 독도−센카쿠 영유권 또 이중 잣대 '망언'

(2012. 10. 02. 동아일보)

반크, SNS 통해 독도 집중 홍보한다.

(2012. 10. 01. 연합뉴스)

원유철, "韓, 10년간 日교과서 수정요구 단 3차례"

(2012. 10. 01. 연합뉴스)

유엔 총회서 위안부·과거사·독도 첫 거론 … '일' 겨냥

(2012. 09. 29. 세계 파이낸스)

김성환 "日 독도 영유권 주장은 제2침략"

(2012. 09. 29. MBC)

독도 영유권 분쟁에 대한 일본과의 첨예한 대립이 어제 오늘의 일이 아니라는 사실은 너무나도 잘 알고 있다. 그러나 위에 제시된 뉴스 머리글에서 보는 것처럼 최근에는 일본의 독도 영유권 주장에 보다 적극적인 대처를 요구하는 뉴스 기사가 봇물처럼 쏟아지고 있다. 얼마 전 이러한 요구를 반영한 것인지 공식적으로 우리나라는 유엔총회 연설에

서 일본을 겨냥하여 잘못된 역사 왜곡에 대해 공식적으로 언급하였다는 기사가 등장하면서 이전과는 수위가 다른 정부의 태도가 눈에 띈다.

그러나 우리의 독도 영유권 주장에 있어 가장 중요한 영역이라 할 수 있는 교육분야에서의 노력은 일본의 그것과는 확연한 차이를 보이고 있다. 일본은 2000년대 들어서 일본의 역사 왜곡을 담은 극우 교과서를 채택하여 왔으며 이에 10여 년에 걸쳐 외교부의 공식적인 수정 요구는 단 세 차례에 지나지 않았다. 그나마 일본은 그 요구를 성실히 응하지 않아 별다른 효과가 없었던 것으로 나타났다.[1]

이처럼 일본은 자신들의 독도에 대한 영유권 주장을 위해 어린 학생들을 대상으로 하는 역사 교육에 많은 노력을 기울이고 있으며 심지어 2005년 다케시마의 날을 지정하기에 이르러 영유권 주장을 위해 일본이 교육적인 노력을 얼마나 들이고 있는지 우리와 큰 차이를 보이고 있다.

그렇다면 우리나라의 독도교육은 어떻게 이루어지고 있는가?

현 교육과정 안에서는 범교과 학습을 통해 이루어지도록 명시되어 있으며, 교과학습의 경우 사회나 도덕, 국어와 같은 일부 교과에 한정되어 제시되어 있다. 물론 최근의 분위기를 반영하여 교과부와 각 시도별 교육청과 같은 상급기관에서는 독도 관련 자료를 발행하거나 다양한 체험 활동을 운영하고 있으나 아직 학교 현장에서는 일부 몇몇 관심 있는 교사에 의해서 독도교육이 이루어질 뿐 대부분은 교과서에 제시된 일부 제한된 내용에 한하여 교육이 이루어지고 있다. 일부 시도 교육감 인정 도서로 독도교육을 위한 부교재가 보급되어 있으나 이 역시 교육현장에서는 홍보 부족으로 인하여 적극적인 활용이 부족한 것이 현실이다.

그러한 상황 속에서 교육과학기술부는 학생들의 독도교육을 체계화한다는 취지에서 사실상의 첫 '독도교육과정'을 일선 학교에 시달하였다. 따라서 여기에서는 이러한 체계적인 독도교육을 위한 첫 시발점이라 할 수 있는 독도교육과정을 소개하고 그에 따른 초등교육현장 속에서의 독도이해교육의 중요성을 언급하고자 한다.

2) 본론: 2009 개정 교육과정 속에서 살펴본 독도교육내용 분석

2012학년도 현재 초등학교에서 적용되고 있는 교육과정은 2011년부터 1～2학년에 순

---

1) 연합뉴스(2012. 10. 01.), "韓, 10년간 日교과서 수정요구 단 3차례."

차적으로 적용되어 현재는 1~4학년이 2009 개정 교육과정을, 5~6학년은 2007 개정 교육과정을 적용하고 있다. 따라서 여기에서는 2009 개정 교육과정을 중심으로 현재 편성된 독도교육의 정도를 분석해보고, 그다음으로는 교육과정과 상관없이 현재 전 학년에 사용하고 있는 초등학교 교과서에 제시된 독도교육내용을 한엽(2012)의 연구논문결과를 중심으로 제시하고자 한다.[2]

가) 2009 개정 교육과정 분석을 통해서 본 독도교육

2009년 처음 개정된 교육과정에서는 범교과학습 주제에서도 독도교육은 제시되어 있지 않았으며, 초등교육에서는 교과에서 이에 대한 내용은 별도로 제시되지 않아 정규 교과 안에서 학생들에게 독도교육을 위한 충분한 시간을 할애하는 경우가 매우 드물다고 할 수 있겠다. 이에 2011년에 개정된 2009 교육과정에서는 범교과 학습 주제에 독도교육이 명시되었으며, 이는 정규 교육과정 시간 안에서 독도교육을 위한 시간을 확보하는 것이 가능해졌다는 것을 의미한다. 그러나 범교과 학습 주제는 학교의 실정과 학부모 요구, 그리고 지역사회의 요구에 따라 설정되는 것이므로 모든 학교가 독도교육을 선정하여 운영한다고 보기에는 아쉬운 점이 있다.

그리고 2012년 7월에 개정된 2009 개정 교육과정에서는 한국어 교육과정이 별도로 신설되어 한국어에 익숙하지 않은 학생들을 대상으로 교육활동을 실시한다. 여기에서는 생활 한국어 영역과 학습 한국어 영역으로 구분되어 있어, 일상적인 의사소통은 물론 학습을 위한 한국어 학습도 함께 이루어지고 있다. 이 중 5~6학년 사회과 주제별 학습 어휘 예시로 '독도'가 제시되어 있다. 이는 단순히 어휘교육의 일환으로 볼 수 있지만 현 사회에 있는 모든 사회 구성원들이 언어와 문화적인 차이로 인해 소외받지 않고 한국 사회의 일원으로서 긍정적인 태도로 자랄 수 있도록 한다는 중요한 의미를 담고 있다. 또한, 원활한 독도이해교육활동에 참여함으로써 독도가 자국의 영토임을 명확히 인식시켜 주기 위한 계기가 되어 줄 수 있다.

---

2) 한엽, 2012, 「초등교사의 독도 이해 인식도 분석을 통한 독도 수업 역량 강화 방안 연구」, 중앙대학교 역사교육 석사학위 논문.

〈표 1〉 2009 개정 교육과정 범교과 학습 주제 목록(2011년 개정)

민주 시민 교육, 인성 교육, 환경 교육, 경제 교육, 에너지 교육, 근로 정신 함양 교육, 보건 교육, 안전 교육, 성교육, 진로 교육, 통일 교육, 한국 정체성 교육, 국제 이해 교육, 해양 교육, 정보화 및 정보 윤리 교육, 청렴·반부패 교육, 물 보호 교육, 지속 가능 발전 교육, 양성 평등 교육, 장애인 이해 교육, 인권 교육, 안전·재해 대비 교육, 저출산·고령 사회 대비 교육, 여가 활용 교육, 호국·보훈 교육, 효도·경로·전통 윤리 교육, 아동·청소년 보호 교육, 다문화 교육, 문화 예술 교육, 농업·농촌 이해 교육, 지적 재산권 교육, 미디어 교육, 의사소통·토론 중심 교육, 논술 교육, 한국 문화사 교육, 한자 교육, 녹색 교육, 독도 교육

〈표 2〉 한국어 교육과정 중 초등학교 5~6학년 사회과 주제별 학습 어휘 예시 목록

주제	어휘
살기 좋은 우리 국토	관계적 위치, 주권, 영토/영해/영공, 해리, 독도, 위도(저위도/중위도/고위도), 중강진, 제주, 강수량, 울릉도, 자연재해, 해안선, 고랭지 농업, 1차 산업(농업, 임업, 어업), 2차 산업(경공업, 중화학 공업), 3차 산업(서비스업), 입지 조건, 관광 산업, 산업화, 도시화

나) 초등학교 교과서에서 살펴본 독도교육

본 분석 결과는 앞서 제시한 것처럼 한엽(2012)의 연구논문 결과를 중심으로 2012학년도 현재 사용되고 있는 초등학교 1~6학년 정규 교과 속에 실린 독도교육내용을 분석하여 제시하였다.

〈표 3〉 초등학교 교과서 속 독도 관련 내용 분석(1)

학년(학기)	과목	단원	구분	교과서 분석 내용	쪽수
6 (2)	국어 (읽기)	3. 문제와 해결	목표	·글을 읽고, 글쓴이의 생각을 알 수 있다.	62~64
			수록 내용	·독도수비대원이 학생에게 보낸 편지(독도에 대해 관심 갖기)	
			사진	·독도 전경, 반크(VANK) 홈페이지, 독도에서 서식하는 동식물 모습	

〈표 4〉 초등학교 교과서 속 독도 관련 내용 분석(2)

학년(학기)	과목	단원	구분	교과서 분석 내용	쪽수
6 (1)	사회	1. 우리 국토의 위치와 영역	목표	·우리 국토의 영역을 정확하게 설명할 수 있다.	14
			수록 내용	·제목: 우리 땅 독도 (독도의 지리적 위치, 경제적 가치 서술)	
			사진	·독도 전경	

5 (2)	도덕	10. 우리는 자랑스러운 한인	목표	・재외 동포와 교류하고 협력하는 방법을 알고 실천할 수 있다.	202
			수록 내용	・예화: 재외 동포의 한인 사랑 (미국의 한인 2세들과 울릉군 학생들의 교류 및 협력이 갖는 좋은 점 생각해보기)	
			사진	・독도 전경	
2 (1)	국어 (읽기)	2. 알고 싶어요	목표	・무엇을 설명하는지 생각하며 글을 읽을 수 있다.	26~29
			수록 내용	・제목: 독도의 여러 이름 (독도의 이름 변천에 대한 설명문)	
			사진	・독도 전경, 팽이갈매기	

제시된 <표 3>과 <표 4>에서 알 수 있듯이 현 교과서 속에서 독도에 관련된 내용은 매우 제한적임을 알 수 있다. 게다가 독도 그 자체에 대한 학습을 하기 위한 내용보다는 2학년 국어과의 학습 목표처럼 특정한 기능이나 가치를 찾기 위해 독도를 소재로한 경우가 대부분이라 할 수 있었다. 그러므로 독도의 영유권을 주장하기 위해 우리가 갖추고 있어야 하는 독도에 대한 이해 교육이 충분치 않다고 말할 수 있다. 이 중 6학년 국어에 제시된 읽기 자료 '독도에서 온 편지'의 내용 속에서는 다음과 같은 부분이 언급되어 있다.

나리에게
나리가 보내준 편지는 잘 받았단다. 아저씨는 나리의 편지를 받고 어떻게 하면 독도를 잘 지킬 수 있을까 생각하여 보았단다.
아저씨처럼 총을 들고 독도를 지키는 것도 하나의 방법이지만, 아예 일본 사람들이 독도를 넘보지 못하게 하는 방법도 있단다. 지금 일본 사람들이 독도를 넘보고 있는 까닭은, 자기들도 독도에 대하여 할 말이 있다고 생각하기 때문이란다. 만일 우리가 독도에 대한 책을 많이 읽어 일본 사람들이 주장하는 것이 옳지 않다는 것을 논리적으로 증명한다면 감히 일본 사람들이 독도를 넘볼 수 있을까?
이제 우리나라 사람들도 독도에 대하여 많은 관심을 가지기 시작하였단다. 아저씨도 독도에서 근무하기 전까지는 독도가 얼마나 중요한 섬인지, 일본 사람들이 얼마나 오랫동안 독도를 탐냈는지 몰랐단다. **막연히 우리 땅이니까 지켜야 한다고 알고 있었지.**
⋯⋯중략⋯⋯
앞으로 독도에 대하여 더 많은 관심을 가지자꾸나. 우리가 독도에 대하여 많이 알면 알수록 독도를 지키는 힘은 커진단다. 아저씨는 나리가 독도와 우리 바다를 사랑하는 어른으로 자랐으면 좋겠구나.

위에 제시된 읽기 자료에서는 글쓴이의 생각을 파악하며 글을 읽는 것에 초점을 두고 있지만 분명 막연한 애국심에서 비롯되는 독도 사랑보다는 독도에 대해 명확히 이해하고 있어야 하는 것이 필요하다는 점을 강조하고 있다. 즉, 독도이해교육의 필요성에 대해 어느 정도 언급된 부분이라고 볼 수 있다. 그러나 주된 학습 목표가 독도이해교육이 아니기 때문에 그 이상의 부분에서는 지도하는 담임교사의 재량에 맡겨질 수밖에 없다고 볼 수 있다.

다음은 2학년 읽기 교과서에 제시된 읽기 자료이다.

독도의 여러 이름

오랜 옛날부터 사람들은 독도를 여러 이름으로 불렀습니다. 독도의 여러 이름에는 지어진 까닭이 있습니다. 독도의 여러 이름과 지어진 까닭을 알아봅시다.

신라 시대에는 독도를 '우산도'라고 불렀습니다. 당시에 울릉도에는 우산국이 있었는데, 독도가 우산국에 속한 섬이어서 그렇게 불렀다고 합니다. 울릉도는 독도에서 가까운 곳에 있는 섬입니다.

독도의 생긴 모양을 보고 '삼봉도'라고 부르기도 하였습니다. 독도의 생긴 모양이 높고 낮은 세 개의 봉우리처럼 보였기 때문입니다.

독도는 온통 돌로 이루어진 섬입니다. 남쪽 지방 사투리로는 '돌'이 '독'이어서 '돌섬'을 '독섬'이라고 합니다. 지금의 '독도'는 이 '독섬'이 바뀐 이름이라고 전해집니다. 울릉도에 사는 사람들은 독도를 '돌섬' 또는 '독섬'으로 부르기도 합니다.

위의 자료는 독도 그 자체에 대해 알기보다 글을 읽고 무엇을 설명하는지 알아보기 위한 목적으로 제시된 읽기 자료이다. 그러나 독도의 여러 이름이라는 주제로 매우 구체적으로 제시되어 학생들이 독도를 이해하기 위한 목적으로 활용이 가능하다고 본다.

이처럼 살펴본 초등학교 교과서 내의 독도교육 내용은 그 이해를 위한 목적이라고 보기에 매우 제한적이라는 사실을 알 수 있다. 따라서 앞으로 새로 개발될 교과서에는 독도이해를 위한 체계적이고 단계적인 자료의 개발이 반드시 이루어져야 하며 그 교과목의 범위도 국어, 도덕, 사회 외에 다른 교과에서도 다루어져 할 필요가 있다.

다) 초등독도이해교육을 위한 인정교과서의 활용

이처럼 교과서 내의 부족한 독도이해교육은 각 시도 교육감이 인정한 인정 도서를 통해 교육을 실시할 수 있도록 해 놓았다. 현재 발행된 독도교육인정도서는 다음과 같다.

〈표 5〉 독도인정도서 목록

발행연도	도서명	편찬	인정승인
2006	우리 땅 독도	(주)두산	경상북도교육감
2009	독도	경상북도교육연구원	경상북도교육감
2011	독도 바로 알기	동북아역사재단	인천광역시교육감
2012	독도야, 사랑해	천재교육	서울특별시교육감

위와 같이 현재 4종의 독도 인정 도서가 개발되어 각 지역 내 학교에 보급되어 있어 각종 교과 교육 및 범교과 학습을 위한 보조 자료로 활용이 될 수 있도록 지침이 마련되어 있다. 각 도서들은 독도의 지리적 내용에서부터 시작하여 세계와의 관계, 독도의 역사 및 독도 영유권 주장을 위한 대화와 토론 방법에 이르기까지 다양한 영역으로 독도이해교육을 위해 개발되었다. 이 중 2011년도에 발행된 '독도 바로 알기'의 내용 구성을 살펴보고자 한다.

〈표 6〉 독도 바로 알기 단원 체계 분석(1)

단원명	대단원주제	소단원	학습주제	내용 영역
1. 우리 영토 독도	우리나라의 주권이 미치고 있는 독도와 그 주변 바다의 영역에 대해 알아보기	1) 나라의 주권이 미치는 범위는 어디까지일까?	나라의 주권이 미치는 범위인 영역에 대해 살펴보기	독도의 지리적 환경
		2) 우리나라의 주권이 미치는 범위	대한민국의 영토, 영해, 영공의 범위를 알아보기	
2. 우리 삶의 터전 독도	독도와 그 주변 바다가 지니고 있는 가치에 대해 알아보기	1) 독도의 해양 경계는 어떻게 정해졌을까?	한국과 일본이 해양 경계를 설정하는 과정을 비교해보기	독도의 중요성
		2) 독도 위치의 중요성	독도의 경제적, 군사적 중요성 알아보기	

<표 7> 독도 바로 알기 단원 체제 분석(2)

단원명	대단원주제	소단원	학습주제	내용 영역
3. 세계 속의 독도 살피기	독도에 대한 일본 주장의 문제점을 찾고, 이를 바탕으로 일본의 주장을 비판해 보기	1) 세계 여러 나라 사람들은 독도에 대해 어떻게 알고 있을까?	세계 여러 나라에 독도는 어떻게 알려져 있는지 알아보기	독도의 역사
		2) 독도 역사 바로 알기	역사 자료를 통해 독도의 역사를 살펴봄으로써 자국의 영토임을 알기	
4. 세계에 독도 바로 알리기	독도가 우리 땅임을 알리는 여러 가지 노력을 살펴보고, 세계에 독도를 바로 알리는 방법을 찾아보기	1) 지금까지의 '독도 바로 알리기' 노력에는 어떤 것이 있을까?	독도를 바로 알리기 위한 노력 살펴보기	일본의 영유권 주장과 대응
		2) 세계에 독도 홍보 실천하기	내가 할 수 있는 '독도 바로 알리기' 방법을 알고 실천하기	
5. 대화와 토론을 통해 설득하기	우리나라와 일본이 대화와 토론을 통해 서로를 이해하고, 양국의 현안 문제를 슬기롭게 해결할 수 있는 다양한 방법 찾아보기	1) 우리는 일본을, 일본은 우리를 이해하기	우리나라와 일본의 문화를 비교하기	일본의 영유권 주장과 대응
		2) 거짓된 주장 반박하기	양국의 문제에 슬기롭게 대처하기 위한 방법을 알고, 독도가 우리 땅임을 설득하는 활동을 하기	

<표 6>, <표 7>에 제시된 것과 같이 본 인정 도서는 5개의 단원에 각각 2개의 소단원으로 구성되어 있으며, 분량은 72쪽으로 구성되어 있다. 내용 영역은 본 필자가 교육과학기술부에서 만든 독도교육과정에 따른 분류 영역의 일부를 참고하여 분류해 보았다.

1~2단원에는 독도의 지리적인 개념을 소개하는 부분에 초점을 두고 있다. 그러나 3단원부터는 일본의 독도 영유권에 대해 반박하기 위한 근거를 찾기 위한 내용과 독도가 자국의 땅임을 증명하는 역사 자료를 소개하고, 일본의 주장을 반박하기 위한 내용으로 구성되어 있다. 그리고 4~5단원에서는 1~3단원에서 학습한 내용을 바탕으로 보다 적극적으로 독도가 대한민국의 영토임을 알리며, 국제적인 현안 문제를 감정적인 것이 아닌 대화와 토론을 통해 일본의 영유권 주장과 대응하는 방법을 실천하기 위한 내용으로 구성되어 있다.

이전에 나온 독도 관련 자료나 현재 교과서에 제시된 자료와는 달리 무조건적인 애국심에 호소하기보다 독도를 바르게 이해하고, 역사적 근거 자료를 통해 체계적인 반박을 할 수 있는 방향으로 전환되어 있다는 점이 눈여겨볼 만하다.

교육과학기술부 보도자료(2011. 03. 30.)에 따르면 본 교재를 바탕으로 도덕, 사회 등 정규수업 시간을 활용하여 독도 관련 내용을 지도하거나 창의적 체험활동(재량활동 또는 특별활동) 시간을 활용할 것을 권고하고 있다.

그러나 실제 교육 현장에서는 이 교과서를 가지고 시간을 할애하여 독도이해수업을 하는 경우가 드문 것이 사실이다. 무엇보다 본 교과서를 가지고 체계적인 수업을 하려면 범교과 학습 시간을 이용하여 연간 최소 20시간 이상을 확보해야 가능한 수업분량이라고 본다. 그렇기 때문에 범교과 학습을 위한 영역으로 설정되어 있지 않는 이상 실제적인 수업 운영이 어렵다. 따라서 필자는 현실적인 교육 현장 속에서 활용될 수 있는 방안으로 5~6학년을 중심으로 타 교과와의 주제 통합 중심의 수업을 권장하고 싶다. 다음은 이러한 점을 고려하여 6학년을 중심으로 교과와의 통합이 가능한 단원과 내용을 분석한 결과이다.

〈표 8〉 '독도 바로 알기'와의 통합수업을 위한 적용 가능 단원(1)

단원명	대단원 주제	소단원	적용 가능 단원(학년, 과목)
1. 우리 영토 독도	우리나라의 주권이 미치고 있는 독도와 그 주변 바다의 영역에 대해 알아보기	1) 나라의 주권이 미치는 범위는 어디까지 일까?	- 우리 국토의 모습과 생활 (6학년 1학기 사회) - 인터넷과 정보 (6학년 실과) - 정보와 이해 (6학년 1학기 듣말쓰)
		2) 우리나라의 주권이 미치는 범위	
2. 우리 삶의 터전 독도	독도와 그 주변 바다가 지니고 있는 가치에 대해 알아보기	1) 독도의 해양 경계는 어떻게 정해졌을까?	- 우리 국토의 모습과 생활 (6학년 1학기 사회)
		2) 독도 위치의 중요성	- 우리 경제의 성장과 과제 (6학년 1학기 사회) - 생태계와 환경 (6학년 1학기 과학)
3. 세계 속의 독도 살피기	독도에 대한 일본 주장의 문제점을 찾고, 이를 바탕으로 일본의 주장을 비판해 보기	1) 세계 여러 나라 사람들은 독도에 대해 어떻게 알고 있을까?	- 정보와 이해 (6학년 1학기 듣말쓰) - 다양한 주장 (6학년 1학기 듣말쓰, 읽기) - 인터넷과 정보 (6학년 실과)
		2) 독도 역사 바로 알기	- 다양한 주장 (6학년 1학기 듣말쓰, 읽기)
4. 세계에 독도 바로 알리기	독도가 우리 땅임을 알리는 여러 가지 노력을 살펴보고, 세계에 독도를 바로 알리는 방법을 찾아보기	1) 지금까지의 '독도 바로 알리기' 노력에는 어떤 것이 있을까?	- 사실과 관점 (6학년 1학기 듣말쓰) - 문제와 해결 (6학년 2학기 듣말쓰)
		2) 세계에 독도 홍보 실천하기	- 인터넷과 정보 (6학년 실과)

<표 9> '독도 바로 알기'와의 통합수업을 위한 적용 가능 단원(2)

단원명	대단원 주제	소단원	적용 가능 단원(학년, 과목)
5. 대화와 토론을 통해 설득하기	우리나라와 일본이 대화와 토론을 통해 서로를 이해하고, 양국의 현안 문제를 슬기롭게 해결할 수 있는 다양한 방법 찾아보기	1) 우리는 일본을, 일본은 우리를 이해하기	−세계 여러 지역의 자연과 문화 (6학년 2학기 사회) −다양한 문화 행복한 세상 (6학년 도덕)
		2) 거짓된 주장 반박하기	−평화로운 삶을 위해 (6학년 도덕) −생각과 논리 (6학년 2학기 읽기)

라) 독도교육과정

2011년 교육과학기술부에서는 일본 정부가 독도의 영유권을 주장하는 교과서를 대거 통과시킬 것이라는 발표 후, 독도 교육을 체계화시키고자 하는 취지하에 사실상의 첫 '독도교육과정'을 일선 학교에 시달했다.[3]

'독도교육 내용 체계 안내 및 활용 협조'라는 제목으로 2011년 2월 28일에 전국에 공문으로 안내되었으며 사실상의 정규 교육과정이라고 볼 수 있다. 본 공문에는 초등학교는 물론 중학교, 고등학교에서 배워야 할 독도 관련 교육내용을 구체적으로 명시했다. 무엇보다 2003년도에 발표한 '해 돋는 섬 독도'[4]에 나온 지침보다 구체적이고 체계적인 틀을 제시하고 있다. 따라서 본 고에서는 초등학교과정에 해당하는 부분만 발췌하여 소개하고자 한다.[5]

<표 10> 독도교육과정의 목표

독도교육의 목적	독도가 역사적, 지리적, 국제법적으로 우리 영토인 근거를 정확하고 체계적으로 이해함으로써, 우리 영토에 대한 올바른 수호 의지를 갖추고, 미래 지향적인 한일 관계에 적합한 민주 시민 의식을 함양한다.
독도교육의 목표	독도에 대한 이해와 역사적 연원을 살펴봄으로써, 독도에 대한 관심과 애정을 갖고, 독도가 역사적, 지리적, 국제법적으로 우리 영토인 근거를 정확하고 체계적으로 이해한다.
초등학교 독도 교육의 목표	독도의 자연환경과 지리적 특성을 중심으로 공부함으로써 독도의 중요성을 알고 독도에 대한 관심과 애정을 갖는다. ① 독도의 자연환경 및 지리적 특성에 대한 기본적 이해 ② 독도의 중요성과 독도의 역사적, 환경적, 정치·군사적·경제적 가치이해 ③ 독도에 대한 지속적인 관심 갖기의 의미와 방안 탐색

---

3) 연합뉴스(2011. 03. 03.), "첫 '독도교육과정', 어떤 내용 담았나."

4) 본 자료는 교육인적자원부에서 2003년에 개발한 독도교육을 위한 학습 자료이다.

5) 교육과학기술부(2011), 독도교육 내용 체계.

〈표 11〉 초등학교 독도교육 내용 체계

분류	학습 내용	내용 요소
지명의 변화	독도 지명의 유래	돌섬(석도), 독섬
	독도의 옛 이름	우산도, 자산도, 삼봉도, 가지도
	독도의 명칭(외국)	리앙쿠르(프), 다케시마(일)
독도 수호 자료	우리나라의 독도 관련 문헌	삼국사기(512), 세종실록지리지(1454), 대한제국 칙령 제41호 (1900), 일본의 독도 침탈(1905), 이승만 라인(1952)
	독도를 지킨 인물들	이사부, 한용복, 독도의용수비대
일본의 영유권 주장과 대응	일본의 영유권 주장 내용과 대응	시마네현 고시 제40호(1905) '다케시마의 날' 지정(2005)
실효적 지배	경찰청 독도경비대	경찰청 독도경비대의 파견
	시설물	등대, 어업인 숙소
	천연기념물	천연기념물(제336호) 지정
	독도를 지키기 위한 활동	정부와 지방자치단체의 활동 시민운동의 내용과 참여 방안
위치	행정구역	독도의 주소
	수리적 위치	독도의 경·위도 확인하기
	지리적 위치	지도, 지구본, 구글맵 등에서 찾아보기 울릉도와 오키 섬으로부터의 거리 비교 울릉도와 독도로 가는 방법
영역	영토, 영해와 배타적 경제수역	영토, 영해
생활	독도와 한반도 관계	독도와 울릉도의 관계
지형	모양	사진(위성사진 포함), 모식도 등을 통한 모양 파악 해저지형(해저분지, 해산)
	지형 형성 과정	모식도, 3D 시뮬레이션 등을 통한 형성과정 이해
기후	기온과 강수	울릉도와 독도의 연중 기온 강수 그래프
	안개	안개일수
생태	독도에 서식하는 동물	괭이갈매기, 바다사자
	독도에 서식하는 식물	해국, 사철나무
자원	수산자원	해류, 어장
	지하자원	메탄 하이드레이트

<표 10>의 초등학교 독도교육의 목표에서 알 수 있듯이 초등학생들이 독도에 대한 관심과 애정을 갖게 하기 위한 부분에 초점을 두고 있다. 따라서 <표 11>에 나오는 내용체계를 보면 맹목적인 애국심과 관심을 갖게 하기보다 독도에 대한 정확한 정보를 알게 함으로써 일본의 영유권 주장에 효율적으로 반박할 수 있도록 방향설정이 되어 있음을 알 수 있다. 특히 내용체계에 있어서는 앞서 제시했던 인정 도서 '독도 바로 알기'에 나온 내용체계에 비해 내용 요소까지 구체적으로 구성되어 있음을 알 수 있다. 그러므로 기존의 독도교육에 비해 효율적인 방법으로 학생들에게 독도이해교육을 실시할 수 있게 되었다.

더 나아가 앞으로의 교과서 개정 또한 이러한 독도교육과정 내용체계의 흐름에 맞추어서 이루어져야 함을 보여주고 있다.

3) 결론

앞에 제시되었던 읽기 자료 중에 이런 글이 있었다.

> "총을 들고 독도를 지키는 것도 하나의 방법이지만, 아예 일본 사람들이 독도를 넘보지 못하게 하는 방법도 있단다. 지금 일본 사람들이 독도를 넘보고 있는 까닭은, 자기들도 독도에 대하여 할 말이 있다고 생각하기 때문이란다. 만일, 우리가 독도에 대한 책을 많이 읽어 일본 사람들이 주장하는 것이 옳지 않다는 것을 논리적으로 증명한다면 감히 일본 사람들이 독도를 넘볼 수 있을까?"
>
> ―6학년 2학기 읽기 자료 중

독도가 분명한 한국 땅임에도 불구하고 일본은 아직도 영유권 주장을 하고 있다. 게다가 그러한 억지 주장에 따른 다양한 형태의 역사 왜곡 교과서 출판 및 다케시마의 날 지정, 세계 여러 나라에 영유권 주장을 위한 외교활동에 이르기까지 우리에게 할 말이 많이 있음을 알 수 있다. 무엇보다 이들에게서 눈여겨볼 만한 것은 교육의 힘을 빌어서 어린 학생시절부터 자신들의 영유권을 주장하는 교육에 많은 공을 들인다는 것이다.

그에 반해 우리의 현실은 어떠한가? 세계 곳곳에는 일본인들이 제시한 자료에 따라 지도에는 동해가 아직도 Sea of Japan이라고 적혀 있는 경우도 어렵지 않게 볼 수 있다. 좀 더 적극적이고, 논리적으로 대처하는 것이 아닌 맹목적인 애국심에 의존하여 독도가 우리 땅임을 주장하는 모습을 더 이상 간과해서는 안 될 것이다.

그래서 필요한 것은 바로 교육이다. 일부 교사들의 열정과 관심에 의해 간헐적으로 이루어지는 독도교육이 아닌 체계적이고 논리적으로 짜인 정규교육과정과 그에 따른 꾸준한 교육활동이 필요한 시점이라 할 수 있다.

좀 늦은 감이 없진 않지만 독도교육과정이 만들어졌다는 사실은 우리의 독도 영유권 주장이 한층 더 힘을 얻을 것이라는 기대를 걸게 한다.

2. 초등 교과에서의 독도교육의 실제

국어과 독도 수업의 실제

독도에 관한 신문기사 쓰기

1 단원명

단원 5-2	2. 사건의 기록(듣기 말하기 쓰기)

2 수업주제

　이 단원은 기사문을 쓰기를 통해서 생활 주변에서 일어나는 일 중에서 가치 있는 사건을 정하여 체계적으로 글을 쓰는 데 목적이 있다. 그리고 기사문 작성을 통하여 정보를 바르게 전달하는 방법도 함께 다루고 있다. 따라서 이 단원의 언어 사용 목적은 정보 전달이며, 정보 전달의 수단으로서 기사문을 작성하는 것이 중점지도 사항이다.

　기사문을 작성하기 위하여 먼저 기삿거리를 선정하는 능력이 필요하다. 또, 기사문의 내용을 알차게 구성하기 위해서 사실성, 체계성, 간접성 등의 조건을 갖추어야 한다.

　이 단원 학습을 통하여 학생들은 기삿거리를 선정하고, 바른 내용으로 기사문을 작성하여 올바른 정보 전달의 수단으로서 기사문을 작성하는 경험을 하게 된다. 그러한 경험을 바탕으로 하여 중요한 사건을 전달하는 글쓰기의 능력을 갖출 수 있다.

3 주제선정의 이유

이 단원에서는 생활주변에서 일어나는 일 중에서 가치 있는 사건을 정하여 체계적으로 글을 쓰는 데 목적이 있다. 우리 주변에서 독도를 둘러싼 논란이 일어나는 지금, 이러한 논란을 잠재우기 위해 기사문 작성을 통하여 정보를 바르게 전달하고자 한다.

독도와 관련된 기삿거리를 선정하고, 올바른 자료 활용의 방법을 통하여 정보를 수집·활용하여 올바른 정보 전달의 수단으로서 기사문을 작성해 보고자 한다. 이러한 학습활동 가운데 학습자는 독도에 대한 논란을 바르게 알고, 독도가 우리나라의 영토임을 강화하여 독도를 사랑하는 마음을 고취하려 이 주제를 선정하였다.

4 단원의 구성

1. 학습의 계열

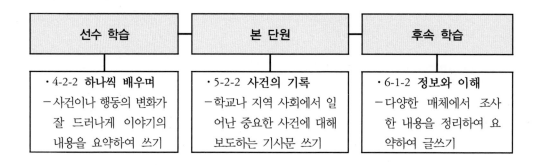

선수 학습	본 단원	후속 학습
·4-2-2 **하나씩 배우며** －사건이나 행동의 변화가 잘 드러나게 이야기의 내용을 요약하여 쓰기	·5-2-2 **사건의 기록** －학교나 지역 사회에서 일어난 중요한 사건에 대해 보도하는 기사문 쓰기	·6-1-2 **정보와 이해** －다양한 매체에서 조사한 내용을 정리하여 요약하여 글쓰기

2. 단원의 학습 구성

단원	내용체계	성취기준	차시	학습 활동	교과서 쪽수
2. 사건의 기록	쓰기	학교나 지역 사회에서 일어난 중요한 사건에 대해 보도하는 기사문을 쓴다.	1	・단원의 개관 및 학습 안내 ・신문 기삿거리를 정하는 방법 알기	27~29
			2	・기사문이 갖추어야 할 조건 알기 ・기사문의 내용적 특성 알기	30~31
			3	・기사문을 쓸 때에 다른 사람의 자료를 올바르게 활용하는 방법 알기 ・기사문을 쓸 때에 지켜야 할 저작권 바로 알기	32~35
			4	・알릴만한 사건 정하기 ・자료를 수집・정리하여 기사문 쓰기	36~39
			5, 6	・신문 기사의 형식 알기 ・알리고 싶은 내용을 모아 신문 만들기 ・단원 학습 내용 정리하기	40~43

5 차시별 창의・인성요소

2009 개정 교육과정에서 강조하는 창의・인성 요소에는 다음과 같은 것들을 뽑을 수 있다.

차시	교수 학습 활동 내용	창의 요소	인성 요소
1	・단원의 개관 및 학습 안내 ・신문 기삿거리를 정하는 방법 알기	확산적 사고	
2	・기사문이 갖추어야 할 조건 알기 ・기사문의 내용적 특성 알기	확산적 사고	
3	・기사문을 쓸 때에 다른 사람의 자료를 올바르게 활용하는 방법 알기 ・기사문을 쓸 때에 지켜야 할 저작권 바로 알기	문제 발견	배려 책임 정직
4	・알릴만한 사건 정하기 ・자료를 수집・정리하여 기사문 쓰기	확산적 사고 다양성	배려 책임 협동
5, 6	・기사문 기사의 형식 알기 ・알리고 싶은 내용을 모아 신문 만들기 ・단원 학습 내용 정리하기	수렴적 사고 다양성	배려 책임 협동

1. 수업모형 선정 이유

독도에 관한 내용을 기삿거리로 쓰기 위해서는 수많은 일들 가운데 기삿거리가 될 만한 내용을 선정해야 한다. 그 선정된 내용들 가운데서 혼자서 모든 내용을 다 알기에는 어려움이 있다.

그래서 각자가 하나의 내용을 사전 과제를 통해 조사하고, 또 같은 내용을 조사한 친구들끼리 모여 정리, 질문하면서 그 주제에 관해 전문가가 되어 가는 것이다. 이렇게 전문가가 되어 다른 모둠원에게 자신이 알게 되고 정리한 내용을 전달하며, 학습자는 독도에 관해 많은 내용들을 알게 되어 간다.

또한 독도에 관해 조사, 정리한 내용을 상호 질문해보는 경험을 하게 되어 서로 협동하고 배려하는 경험은 물론 자신의 주제에 자신의 책임을 다하는 경험을 하게 되어 창의·인성적인 측면을 신장시킬 수 있을 것이다.

2. jigsaw 수업 모형

◆ 특징

하나의 학습 주제를 준비한 학습자들끼리 모였다가 다시 모집단으로 돌아와서 자기의 전문적 지식을 전달하는 학습 형태를 Jigsaw라고 이름 붙인 이유는 모집단이 전문가집단으로 갈라졌다가 다시 모집단으로 돌아오는 모습이 마치 Jigsaw Puzzle(조각난 그림 끼어 맞추기 퍼즐)과 같다고 하여 붙여진 것이다. 결국 모집단과 전문가집단에서 학생들은 활발한 협동학습을 하게 되는 것이다.

(1) 모집단 활동(home team)

처음에 교사는 한 단원을 수업 주제로 선택하여 이번 수업 계획의 대강을 설명해 준다. 그런 다음 5~6명으로 구성된 모집단에 몇 가지의 하위주제가 질문의 형식으로 적혀 있는 전문가 용지(expert sheet)를 배포한다. 이 하위주제들을 소집단 구성원 각자에게 하나씩 할당되게 하며, 각 주제를 맡은 구성원은 그 하위주제에 한하여 전문가가 된다. 모집단에서 학생들은 하위주제와 각자가 소집단 내에서 해야 될 역할들, 예컨대 리더나 기록자와 같은 역할을 정한다.

(2) 전문가 활동(expert team)

각각의 소집단에서 동일한 주제를 맡은 각 소집단의 전문가끼리 따로 전문가 소집단을 형성하여 함께 학습활동을 한다. 만약 한 학급의 소집단이 5개라면 전문가별로 모인 5명의 전문가로 구성된 전문가 소집단의 수도 5개가 될 것이다. 학생 수가 많아서 소집단이 8개라면 8명의 전문가가 전문가 집단을 이루어야 하므로 이는 현실적으로 소집단 학습을 하기가 어렵다. 이때는 8개 소집단을 두 부류로 나누어 각각 4명씩의 전문가 집단으로 구성하여 운영하는 것이 좋다. 전문가 활동은 주로 그 하위주제를 공부한 다음 각자의 모집단에 돌아가서 모집단의 동료들에게 어떻게 핵심내용을 전달해 줄 것인가를 중심으로 토론하게 된다. 이를 위해 교사는 전문가 소집단에서 다루어야 할 학습의 요점과 범위를 안내해 주는 자료도 제공하는 것이 좋다.

(3) 모집단의 재소집(home team reconvene)

전문가 집단의 활동이 끝났으면 다시 모집단으로 돌아와서 자기의 전문적 지식을 소집단 내의 다른 동료들에게 전수한다. 다른 동료들은 자기가 전문으로 선택한 것 외에는 전혀 학습을 하지 않았기 때문에 자신이 전공하지 않은 영역은 전적으로 동료 전문가의 지식에 의존할 수밖에 없다. 따라서 동료의 가르침을 적극적으로 수용하게 된다. 그 과정이 끝나면 전체 과제를 범위로 개인 평가를 받는다.

◆ Jigsaw를 활용한 기사문 작성 절차

모형의 단계		단계별 학습 활동	자료 및 주의사항
도입	1단계: 동기 유발 ⇒	1. 동기 유발 2. 학습 문제 파악하기 3. 학습 순서 알아보기	
	2단계: 생각 꺼내기 ⇒	1. 독도에 관한 내용 알아보기 2. 역할 분담하여 기사문 작성 준비하기 3. 제시 자료 및 추가 자료 준비하기	▶독도에 관한 내용 브레인 라이팅 하기 ▶독도와 관련된 조사 과제 제시 및 교사 자료 준비
전개	3단계: 전문가 탐구 ⇒	1. 주제별로 전문가 집단으로 이동하기 2. 같은 주제를 고른 친구끼리 모여 준비한 자료 공유하기 3. 자료에 대하여 의견 나누고 지식 넓히기 4. 기사문으로 쓸 내용 정리하기	▶이동 시 소란스럽지 않도록 하기 ▶전문가 토의 내용 기록학습지
	4단계: 가르쳐 주기 ⇒	1. 서로 알게 된 내용 가르쳐 주기 2. 의견 나누고 질의 응답하기	▶모집단 가르쳐 주기 ▶질의 응답하기
	5단계: 기사 쓰기 ⇒	1. 기사문 쓰기 2. 작성한 내용 점검하여 고쳐 쓰기	▶육하원칙에 맞게 기사문 작성하기
정리	6단계: 평가 및 정리 ⇒	1. 기사문 돌려 읽기 2. 내용 정리하기	▶상호 평가

3. 수업모형의 적용 절차

학습 단계	학습 요소	교수·학습 활동	창의·인성 요소 및 학습 전략
동기 유발	동기유발 학습 목표 확인	·동기유발 자료 확인 ·학습 목표 확인하기	·유창성 ·협동성, 배려심 ·확산적 사고
생각 꺼내기	사실 떠올리기 역할 분담하기	·독도에 관한 내용 알아 보기 ·역할 분담하여 기사문 작 성 준비하기	·협동성, 배려심 ·브레인스토밍
전문가 탐구	자료 탐색하기 전문가 토의하기 기사 내용 정하기	·주제별로 전문가 집단으로 이동하기 ·같은 주제를 고른 친구끼 리 모여 준비한 자료 공유 하기 ·자료에 대하여 의견 나누 고 지식 넓히기 ·기사문으로 쓸 내용 정리 하기	·협동성, 배려심 ·문제해결능력 ·확산적 사고 ·전문가 집단 학습하기
가르쳐 주기	소집단 가르쳐주기	·서로 알게 된 내용 가르쳐 주기 ·의견 나누고 질의 응답하기	·협동성, 배려심 ·동료 교수(질의응답)
기사 쓰기	기사문 작성하기 고쳐 쓰기	·기사문 쓰기 ·작성한 내용 점검하여 고 쳐 쓰기	·수렴적 사고
평가 및 정리	평가하기	·기사문 돌려 읽기 ·내용 정리하기	·배려 ·동료 평가

단원명	2. 사건의 기록		학기	2학기	
학습주제	독도와 관련된 일을 정리하여 기사문 쓰기		소요차시	국어	1차시
학습목표	교과학습목표	·독도와 관련된 일을 정리하여 기사문을 쓸 수 있다.			
	창의·인성목표	·독도와 관련된 일을 생각하여 확산적 사고를 할 수 있다. ·직소 활동을 통해 배려심, 책임감을 가질 수 있다.			
창의·인성 요소 및 창의사고 기법		·창의요소: 확산적 사고, 다양성 ·인성요소: 배려, 책임 ·창의사고 기법: 브레인 라이팅, Jigsaw			
학습자료		·뉴스영상, 신문기사 및 독도에 관한 내용 준비하기			
유의사항		·독도에 관한 내용에서 지나치게 감정적으로 흘러가지 않도록 유의한다. ·객관적인 사실을 바탕으로 기사문을 작성할 수 있도록 한다. ·전문가 집단과 모집단이 이동할 시 소란스러워지지 않도록 주의한다.			

8　평가계획

<평가 방법과 평가 시기>

평가영역	평가 기준	평가 방법	평가 시기
교과 학습 목표	·독도에 관한 내용을 정확하게 조사하여 기삿거리를 정리하였는가?	·전문가 학습지	·【활동 2】 단계
	·육하원칙에 따라 독도에 관한 내용을 전달하였는가?	·모집단 가르쳐 주기	·【활동 3】 단계
	·내용을 알기 쉽도록 문장을 간결하게 적었는가?	·기사문 작성	·【활동 3】 단계
창의·인 성목표	·모둠활동 시 모둠원들과 협동, 배려하였는가?	·모둠 활동	·수업 중 수시
	·전문가 집단 활동 시 자신이 조사해온 내용을 전달하였는가?	·토의, 질의응답	·【활동 2】 단계
	·자신이 정리한 내용을 모집단 모둠원에게 잘 가르쳐 주었는가?	·모집단 가르쳐 주기	·【활동 3】 단계

<평가 지침(사전 학생 제공 자료)>

평가 수준 / 평가 대상	잘함	보통	노력 필요함
독도에 관한 내용을 정확히 조사하여 썼나요?	·독도에 관해 정확히 내용을 조사할 수 있다.	·독도에 관해 정확히 내용을 조사하는 데 어려움이 있다.	·독도에 관해 정확히 내용을 조사하지 못한다.
육하원칙에 따라 독도에 관한 내용을 전달하였나요?	·육하원칙에 따라 독도에 관한 내용을 전달할 수 있다.	·육하원칙에 따라 독도에 관한 내용을 전달하는 데 어려움이 있다.	·육하원칙에 따라 독도에 관한 내용을 전달하지 못한다.
내용을 알기 쉽도록 문장을 간결하게 적었나요?	·내용을 알기 쉽도록 기사문을 간결하게 작성할 수 있다.	·내용을 알기 쉽도록 기사문을 간결하게 작성하는 데 어려움이 있다.	·내용을 알기 쉽도록 기사문을 간결하게 작성하지 못한다.
모둠활동 시 모둠원들과 협동, 배려하였나요?	·전문가 모둠활동 시 협동, 배려하는 태도를 보인다.	·전문가 모둠활동 시 협동, 배려하는 태도가 미흡하다.	·전문가 모둠활동 시 협동, 배려하지 못한다.

차시별 교수·학습 과정안

| 4차시 | 인물의 성격을 살려 이야기를 실감나게 읽는 방법 |

활동 주제		독도와 관련된 일을 정리하여 기사문 쓰기	차시	4/6 (40분)
학습 목표	교과 학습 목표	·독도와 관련된 일을 정리하여 기사문을 쓸 수 있다.		
	창의·인성 목표	·독도와 관련된 일을 생각하여 확산적 사고를 할 수 있다. ·직소 활동을 통해 배려심, 책임감을 가질 수 있다.		

◆ 문제 설정 　　　　　　　　　소요시간: 5분

■창의·인성요소
□ 학습전략

【동기유발】	
신문기사나 뉴스영상 보여주기 −2012 영국 올림픽 축구대표팀 박종우 선수의 독도 세러모니 논란 신문기사 보여주기	■ 호기심 □ 신문기사, 뉴스 영상

> Tip!
> 인터넷에서 영상이나 신문기사의 내용을 보여준다. 저학년의 경우 이해하지 못할 수 있으니 배경을 설명하여 주도록 한다.

이야기를 듣고 난 후 느낌 발표하기
−신문기사를 보고 어떤 생각이 드는가?
　·"왜 우리 땅을 이야기했는데 문제가 되는지 모르겠다. 독도에 관해 다른 어떤 일이 있는지 알고 싶다." 등

■확산적 사고

【학습문제 확인】
학습문제 생각하여 발표하기

> ♣ 독도와 관련된 일을 정리하여 기사문을 쓸 수 있다.

학습 안내하기

> 【활동 1】 독도 생각 꺼내기
> 【활동 2】 전문가 토의 후 기사준비
> 【활동 3】 소집단 전달 후 기사쓰기

◆ 기삿거리 준비하기 　　소요시간: 5분　　■ 창의 · 인성요소
　　　　　　　　　　　　　　　　　　　　　　□ 학습전략

【활동 1】 독도 떠올리기	
브레인 라이팅 하기 －독도와 관련된 내용 포스트잇에 쓰기 　(박종우 축구 세러모니, 독도 방문, 김장훈의 수영 횡단, 독도 광고 등) －포스트잇에 쓴 내용 무리지어 분류하기 －돌아가며 내용에 대해 이야기하기	■ 확산적 사고 ■ 다양성

> Tip!
> 모둠활동 시 무임승차자가 생길 수 있다. 이런 경우를 막기 위해 2장 정도는 의무적으로 쓰도록 한다. 또한 돌아가며 말하기의 경우 이끎이(모둠장)를 중심으로 하나의 방향으로 돌아가면 모든 모둠원이 말하게 한 후 자유 말하기 시간을 갖도록 한다.

브레인 라이팅 원칙
－1장의 포스트잇에 하나의 내용만 적기
－다른 사람의 내용에 추가 수정 가능
－다른 사람의 내용 비판 금지
－한 명이 많은 종이를 활용해도 됨.

◆ 전문가 학습 　　소요시간: 5분　　■ 창의 · 인성요소
　　　　　　　　　　　　　　　　　　　　□ 학습전략

【활동 2】 전문가 토의 후 기사준비	
전문가 집단으로 모여 하나의 내용에 대해 이야기하기 －주제별로 전문가 집단으로 모이기 　① 박종우 축구 세러모니　② 대통령 독도 방문 　③ 김장훈의 수영 횡단　④ 미국 독도 광고 등	■ 협동 ■ 타인배려

> Tip!
> 사전에 과제를 제시하여 조사하도록 한다. 과제는 모둠 인원수에 맞춰 세분화하여 제시하는 것이 좋다. 혹시 5~6명으로 숫자가 맞지 않을 경우 두 사람이 하나의 주제를 맡도록 한다.

－학습지를 활용하여 누가, 언제, 어디서, 무엇을, 어떻게, 왜의 육하원칙에 맞게 이야기 나누기

기사 내용 정리하기
－전문가 집단에서 나온 이야기 정리하기
　·육하원칙에 맞게 정리하기
－부족한 내용은 전문가 집단에서 질문하여 기록하기
－모집단으로 돌아가 전달할 내용 정리하기

◆ 소집단 전달 후 기사쓰기　　　　소요시간: 17분　■ 창의 · 인성요소
　　　　　　　　　　　　　　　　　　　　　　　□ 학습전략

【활동 3】 소집단 전달 후 기사쓰기 **주제별로 전문가 집단에서 이야기 나눈 것 전달하기** －육하원칙에 맞춰 전달하기 －궁금한 점 서로 질문하기	■ 배려 ■ 책임

> Tip!
> 과제를 제시할 때 관련 자료나 그림 사진을 준비하도록 하면
> 모둠원에게 설명하거나 기사문을 작성할 때 효과적이다.

기사 작성하기 －사전 조사 및 전문가 집단 토의 내용을 바탕으로 기사문 쓰기 －작성한 기사문 읽어보고 고쳐 쓰기	■ 수렴적 사고

◆ 공유하기　　　　　　　　　　　소요시간: 5분　■ 창의 · 인성요소
　　　　　　　　　　　　　　　　　　　　　　　□ 창의사고기법

상호 평가하기
－작성한 기사문 돌려 읽기
－상호 평가하기
－작성한 기사문 발표하기

【정리】
정리하기 및 차시 예고
－독도에 관한 기사문 모아 신문 만들기

활동 1	독도 생각 꺼내기

◉ 독도와 관련하여 일어난 일에 대해 생각나는 대로 포스트잇에 적어 붙여 봅시다.

우리 땅 독도

기사문 준비하기

5학년　반　번
이름_____

◉ 독도에 관한 내용을 육하원칙에 맞춰 준비하여 기사문을 준비하여 봅시다.

주제

누가　:

언제　:

어디서　:

무엇을　:

어떻게　:

왜　:

독도 신문기사 쓰기 　5학년　반　번
이름_____

◉ 정리한 내용을 바탕으로 독도에 관한 신문기사를 써 봅시다.

기사 제목:

_____

_____

_____

_____

_____

_____

_____

_____

_____

_____

_____

상호 평가　　　　　　<잘함◎ 보통 ○ 부족△>

이름	독도에 관한 내용을 정확히 조사하여 썼나요?	육하원칙에 따라 독도에 관한 내용을 전달하였나요?	내용을 알기 쉽도록 문장을 간결하게 적었나요?

국어과 독도 수업의 실제

독도, 함께 고민해요.

1 단원명

단원 6-1	6. **타당한 근거**(듣기 · 말하기 · 쓰기)

2 수업주제

　연설문은 여러 사람 앞에서 내 생각을 말하기 위하여 쓴 글이다. 연설문은 독자가 눈으로 읽는 글이 아니라 청중을 상대로 연설자가 낭독하여 귀로 듣게 하는 글이라는 점에서 다른 글과 차별화할 수 있다. 이 단원은 학습자가 가정이나 학교, 사회에서 해결하여야 할 문제를 찾고, 그 문제에 대한 구체적이고 타당한 해결 방안을 제시하는 글을 쓰게 함으로써 논리적 표현 능력을 신장시키고, 글쓰기를 통하여 사회에 적극적으로 참여하는 자세를 가지게 하기 위하여 설정하였다.

　연설문은 자기 견해를 밝혀 다른 사람의 생각이나 행동의 변화를 의도한다는 점에서 설득하는 글이 갖추어야 할 조건과 특징을 공유하고 있다. 이러한 연설문의 특성에 대한 이해를 바탕으로 하여 과정 중심으로 연설문 쓰기를 하도록 하였다. 일상생활에서 겪고 있는 문제 중에서 다른 사람들이 함께 행동하여 주기를 바라는 희망적인 내용의 연설문을 쓰도록 하였다. 특히, 연설문은 그 성격상 문제와 해결의 짜임으로 구성되는 경우가 많으므로 쓸 내용을 문제와 해결의 짜임으로 조직하도록 한다. 연설문 초고 쓰기가 끝나면 자기가 쓴 연설문을 읽어 고쳐쓰기를 하도록 안내하였다. 고쳐쓰기는 연설하기 직전까지 계속 이루어지며, 충분한 고쳐쓰기를 통하여 좋은 연설문이 나올 수 있음을 깨닫게 한다.

3 주제선정의 이유

이 단원에서는 가정이나 학교, 사회 등에서 해결하여야 할 문제를 찾고 그 문제에 대한 구체적이고 타당한 해결 방안을 제시하는 글을 쓰게 하고 발표해 보는 활동을 한다. 독도에 관하여 문제를 찾고 해결 방안을 생각해 봄으로써 자신의 입장에서 할 수 있는 일을 생각하고 행동할 수 있는 문제해결력과 행동력을 길러주고자 한다. 또 학생들이 자신의 새로운 지식을 언어적으로 표현함으로써 학습과정에 재미와 흥미를 더하고 이러한 활동을 계속 함으로써 만족감을 줄 수 있을 것이다.

4 단원의 구성

1. 학습의 계열

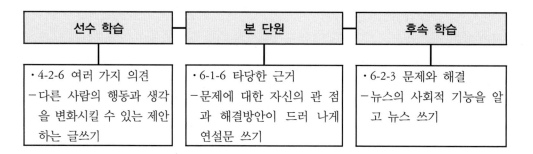

선수 학습	본 단원	후속 학습
·4-2-6 여러 가지 의견 -다른 사람의 행동과 생각을 변화시킬 수 있는 제안하는 글쓰기	·6-1-6 타당한 근거 -문제에 대한 자신의 관점과 해결방안이 드러 나게 연설문 쓰기	·6-2-3 문제와 해결 -뉴스의 사회적 기능을 알고 뉴스 쓰기

2. 단원의 학습 구성

단원	내용체계	성취기준	차시	학습 활동	교과서 쪽수
6. 타당한 근거	쓰기	문제에 대한 자신의 관점과 해결 방안이 잘 드러나게 연설문을 쓴다.	1	·단원의 개관 및 학습 안내 ·연설이 필요한 경우 알기	109~111
			2	·연설문의 특징 알기	112~117
			3	·문제와 해결의 짜임으로 연설문 내용을 정리하는 방법 알기	118~121
			4, 5	·문제와 해결의 짜임으로 연설문 쓰기	122~125
			6	·내가 쓴 연설문을 바탕으로 연설하기 ·단원 학습 내용 정리하기	126~127

차시별 창의·인성 요소

2009 개정 교육과정에서 강조하는 창의·인성 요소에는 다음과 같은 것들을 뽑을 수 있다.

차시	교수 학습 활동 내용	창의 요소	인성 요소
1	· 단원의 개관 및 학습 안내 · 연설이 필요한 경우 알기	감수성 호기심	공감
2	· 연설문의 특징 알기	문제해결력	공감
3	· 문제와 해결의 짜임으로 연설문 내용을 정리하는 방법 알기	사고의 확장 사고의 수렴	의사결정력
4, 5	· 문제와 해결의 짜임으로 연설문 쓰기	다양성 문제해결력	의사결정력 행동실천력
6	· 내가 쓴 연설문을 바탕으로 연설하기 · 단원 학습 내용 정리하기	몰입	행동실천력

6 **수업모형**

1. 수업모형 선정 이유

연설문 쓰기와 관련하여 독도와 관련된 문제를 학생들이 해결하고자 하는 과정에 초점을 둔 문제 해결 학습 모형을 활용하고자 한다. 독도와 관련되어서 학생들이 문제를 해결할 수 있는 방안을 스스로 해결해 보고자 하는 고찰의 시간을 갖도록 하기 위해서이다. 독도와 관련하여 우리 땅의 소중함을 인식하고 현재 사회적 문제를 해결하기 위한 방법을 생각하는 것을 교사 중심이 아닌 학생 중심의 수업으로 이끌어 가기 위하여 수업 모형을 '문제 해결 학습 모형'으로 선정하였다. 그리고 혼자서 글을 쓰는 것이 어려울 경우에는 모둠별로 함께 해결할 수 있는 것도 좋은 방법일 것 같다.

2. 문제 해결 학습 모형

1) 특징

문제 해결 학습 모형은 학습자 주도의 문제 해결 과정을 강조하는 학습자 중심의 학습 모형으로, 타 교과에서도 많이 활용하고 있다. 하지만, 국어과의 문제 해결 학습은 엄격한 가설 검증과 일반화를 통한 결과에 초점을 두기보다는 그 결과에 도달하기까지의 과정에 초점을 둔다. 즉, 교사나 친구들과 함께 해결하여야 할 문제를 확인하고, 문제 해결 방법을 찾아 문제를 해결하며, 이를 일반화하는 활동을 강조하는 것이다. 이 모형은 최대한 학습자 스스로 문제 해결 방법을 찾아 문제를 해결하도록 유도함으로써 자발적인 학습 참여를 유도하고 학습자의 탐구력을 신장시키는 데 유리하다. 학습자는 문제 해결 과정에서 지식이나 개념을 단순 수용하는 것이 아니라, 나름대로 재구성할 수 있는 기회를 가지고 학습에 대한 책임감도 가지게 된다.

2) 문제 해결 학습 모형의 적용 절차

모형의 단계	주요 활동
문제 확인하기	−동기 유발 −학습 문제 확인 −학습의 필요성 또는 중요성 확인
문제 해결 방법 찾기	−문제 해결 방법 탐색 −학습 계획 및 절차 확인
문제 해결하기	−문제 해결 −원리 습득 및 재구성
일반화하기	−적용 및 연습 −점검 및 정착

문제 확인하기 단계는 해결하여야 할 문제와 관련되는 상황을 파악하고, 그중에서 해결하여야 할 문제를 추출하거나 확인하는 단계이다. 문제 해결 방법 찾기 단계는 학습 문제 해결을 위한 방법을 탐구하고, 이를 바탕으로 하여 학습 절차를 계획하거나 확인하는 단계이다. 문제 해결하기 단계는 탐구한 문제 해결 방법을 바탕으로 문제를 해결하고, 이를 통하여 새로운 원리를 터득하거나 기존의 원리를 재구성하는 단계이다. 일반화하기 단계는 터득한 원리를 다른 상황에 적용하고 연습함으로써 학습 내용을 점검하고 정착시키는 단계이다.

3) 문제 해결 학습 모형 활용

문제 해결 학습 모형은 모든 차시가 해결하여야 할 문제(학습 문제)를 포함한다는 점에서 그 적용 범위가 광범위하다. 다만, 이 모형은 문제 해결 과정을 중시하고 학습자의 탐구 능력을 강조한다는 점, 다소 시간이 걸릴 수 있다는 점에 유의하여 적절한 적용 상황을 선택하여야 한다. 따라서 이 모형은 이미 학습한 내용을 실제 상황에 적용하는 경우, 학습자의 수준에 비하여 학습 내용이나 절차가 쉽고 간결한 경우, 기본 학습 훈련이 잘 되어 있는 학습자의 경우에 적용하는 것이 더 바람직할 것이다.

　문제 해결 학습 모형을 적용하는 교사는 학습자에게 문제를 명확히 인식시키고, 학습자가 스스로 문제 해결 방법을 탐구하고 문제를 해결할 수 있도록 해야 한다. 이를 위하여 '문제 해결 방법 찾기'와 '문제 해결하기' 단계에서 교사의 직접적인 개입을 최대한 줄이고 학습자들의 자발적인 탐구 활동을 최대한 강조한다. 이는 학습자에게 '해 보라'고만 하는 방관자로서의 교사를 의미하는 것이 아니라, 학습자의 사고를 자극하고 탐구를 지원하는 적극적인 중재자로서의 교사를 의미한다. 학습 능력이 부족한 학습자나 시간이 충분하지 못할 경우에는 처음부터 일련의 문제 해결 과정을 거치게 하기보다 한두 과정(단계)에서 학습자 주도의 활동을 강조하는 것이 효과적이다. 개별적으로 문제 해결이 어려울 경우에는 모둠별로 문제 해결 방법을 찾고 문제를 해결할 수 있도록 지도한다.

3. 수업모형의 적용 절차

학습 단계	학습 요소	교수·학습 활동	창의·인성 요소 및 학습 전략
문제 확인하기	동기유발 학습 목표 확인	·동기유발 자료 확인 ·학습 목표 확인하기	·민감성, 유창성
문제 해결 방법 찾기	개요 작성하기	·개요 작성하는 법 확인하기 ·개요 작성하기	·정교성, 다양성 ·적극성, 성실성, 협동심
문제 해결하기	연설문 쓰기	·연설문 쓰기	·독창성, 융통성, 문제해결력 ·협동심, 배려심, 민주적 대화
일반화하기	고쳐쓰기	·고쳐쓰기	·의사결정력, 행동실천력

단원명	6. 타당한 근거		학기		1학기
학습주제	문제와 해결의 짜임으로 연설문 쓰기		소요차시	국어	4~5차시
학습목표	교과학습 목표	·문제와 해결의 짜임으로 연설문을 쓸 수 있다.			
	창의· 인성목표	·연설문의 개요를 짜면서 확산적 사고 능력 및 수렴적 사고 능력을 기를 수 있다. ·희망열거법을 통하여 유창성 및 다양성을 기를 수 있다.			
창의·인성 요소 및 창의사고 기법	·창의요소: 확산적 사고, 다양성 ·인성요소: 배려, 책임 ·창의사고 기법: 희망열거법				
학습자료	·독도 광고, 개요 짜기 학습지				
유의사항	·연설문을 쓰면서 독도에 관하여 우리 땅의 소중함을 느낄 수 있는 분위기를 조성한다. ·다양한 방법으로 활동이 이루어지게 하여 확산적 사고와 긍정적 사고가 이루어질 수 있도록 한다.				

<평가 방법과 평가 시기>

평가영역	평가 기준	평가 방법	평가 시기
교과학습 목표	·문제와 해결의 짜임으로 연설문을 쓸 수 있는가?	·교과서 정리 내용	·5차시【정리】단계
창의· 인성목표	·연설문의 개요를 짜면서 확산적 사고능력과 수렴적 사고능력을 기를 수 있는가?	·개요 짜기 ·교과서 정리 내용	·5차시【정리】단계
	·희망열거법으로 유창성 및 다양성을 기를 수 있는가?	·학습지 정리	·4차시【활동 1】단계

<평가 지침(사전 학생 제공 자료)>

평가 수준 평가 대상	잘함	보통	노력 필요함
문제와 해결의 짜임으로 연설문 쓰기	·문제와 해결의 짜임으로 연설문을 능숙하게 쓸 수 있다.	·문제와 해결의 짜임으로 연설문을 어느 정도 쓸 수 있다.	·문제와 해결의 짜임으로 연설문을 쓰는 데 어려움을 느낀다.
개요 짜기를 통해 확산적 사고능력과 수렴적 사고능력 기르기	·개요 짜기를 통해 확산적 사고 능력과 수렴적 사고 능력을 기를 수 있다.	·개요 짜기를 통해 확산적 사고 능력이나 수렴적 사고 능력을 기를 수 있다.	·개요 짜기를 통해 확산적 사고 능력과 수렴적 사고 능력을 키우는 데 어려움을 느낀다.
희망열거법으로 유창성 및 다양성 기르기	·희망열거법으로 유창성 및 다양성을 기를 수 있다.	·희망열거법으로 유창성이나 다양성을 기를 수 있다.	·희망열거법으로 유창성과 다양성을 기르는 데 어려움을 느낀다.

9 차시별 교수·학습 과정안

4~5차시	문제와 해결의 짜임으로 연설문 쓰기

활동 주제		문제와 해결의 짜임으로 연설문 쓰기	차시	4~5/6 (80분)
학습 목표	교과 학습 목표	·문제와 해결의 짜임으로 연설문을 쓸 수 있다.		
	창의·인성 목표	·연설문의 개요를 짜면서 확산적 사고 능력 및 수렴적 사고 능력을 기를 수 있다. ·희망열거법을 통하여 유창성 및 다양성을 기를 수 있다.		

◆ 문제 확인하기   소요시간: 10분

■ 창의·인성요소
□ 학습전략

【동기유발】 **광고 보여주기** －타임스퀘어 독도 광고 보여주기 ┌─────────────────────────┐ Tip! 왜 다른 나라에서 우리나라의 독도에 관한 광고를 올렸다고 생각하는지 함께 생각해 보도록 한다. └─────────────────────────┘ **광고 보고 난 후 느낌 발표하기** －'독도' 하면 생각나는 것 발표하기 ·'독도는 우리 땅 노래'이다. 우리 땅이다. 섬이다. 【학습문제 확인】 **학습문제 생각하여 발표하기** ♣ 문제와 해결의 짜임을 생각하며 연설문을 쓸 수 있다. **학습 안내하기** 【활동 1】 생각 꺼내기 【활동 2】 개요 짜기 【활동 3】 연설문 쓰기	■ 호기심 □ **독도 광고** ■ 확산적 사고

◆ 문제 해결 방법 찾기　　소요시간: 10분	■ 창의·인성요소 □ 학습전략
【활동 1】 생각 꺼내기 **희망열거법** −독도의 소중함을 알리기 위하여 우리가 할 수 있는 일 생각하기 −희망열거법: 아이디어가 떠오르지 않을 때 글자 그대로 '이런 것이 있었으면' 또는 '이렇게 되었으면' 하는 식의 희망과 꿈을 열거하는 방법 −모둠별로 1장의 학습지를 사용하여 모둠 친구들의 다양한 생각을 함께 살펴보도록 한다.	■ 유창성, 융통성, 상상력, 자발성, 민감성, 개방성 □ **희망열거법**

◆ 문제 해결 방법 찾기　　소요시간: 20분	■ 창의·인성요소 □ 학습전략
【활동 2】 개요 작성하기 **개요 작성하는 방법 알아보기** −처음, 가운데, 끝 부분에 무엇을 쓰면 좋을지 알아보기 　·처음: 생활과 관련지어 듣는 이의 관심을 끄는 내용 　·가운데: 해결할 문제와 문제에 대한 해결 방법 　·끝: 연설을 듣는 이가 행동하도록 요구하는 내용 **모둠별 개요 작성하기** −개요의 각 부분에 들어갈 수 있는 내용을 생각하며 개요 적기 −개요를 다시 보면서 생각한 내용을 점검하기	

◆ 문제 해결하기　　소요시간: 30분	■ 창의·인성요소 □ 학습전략
【활동 3】 연설문 쓰기 **모둠별 연설문 쓰기** −모둠별로 희망적인 내용을 담는 연설문을 작성하기 　Tip! 　소외된 모둠원이 발생하지 않도록 처음, 가운데, 끝 부분을 나누어서 쓰거나 함께 대화를 하며 쓰도록 한다. 최대한 많이 대화를 하며 모두의 의견을 수렴할 수 있도록 한다. **모둠별 연설문 발표하기** −모둠별로 연설문의 내용을 발표하기	■ 협동심, 배려심, 민주적 대화 ■ 배려, 책임

◆ 공유하기　　　　　　　　　　소요시간: 10분　　■ 창의·인성요소
　　　　　　　　　　　　　　　　　　　　　　□ 창의사고기법

모둠별 평가하기
－문제와 해결의 짜임으로 연설문을 썼는지 평가하기

【정리】
모둠별로 연설문 고쳐쓰기
－직접 연설을 하기 전에 충분한 고쳐쓰기를 해야 좋은 연설문이
　나올 수 있음을 깨닫게 한다. 고쳐쓰기가 끝난 경우에는 낭독하
　기 쉽게 문장의 간격을 배치한다.

차시 예고하기
－내가 쓴 연설문을 바탕으로 연설하기

생각 꺼내기

◉ 독도의 소중함을 알릴 수 있는 방법을 적어봅시다.

활동 2   개요 짜기

◉ 연설문의 처음, 가운데, 끝 부분에 쓸 내용을 정리하여 봅시다.

(1) 처음 부분에 들어갈 내용 정리하기

```
 
 
 
 
```

(2) 가운데 부분에 들어갈 내용 정리하기

```
 
 
 
 
 
 
```

(3) 끝 부분에 들어갈 내용 정리하기

```
 
 
 
 
```

사회과 독도 수업의 실제

독도 사랑 우표 만들기

1 단원명

단원 6-1	1. 우리 국토의 모습과 생활

2 수업주제

이 차시에서는 영역과 위치를 통해 우리 국토를 살펴봄으로써 우리 국토에 대한 이해의 폭을 넓히는 데 주안점을 두고 있다. 이를 위해 영역에서는 우리 국토를 영토, 영해, 영공으로 나누어 살펴봄으로써 영역 정체성을 갖도록 하고, 위치에서는 여러 가지 지도를 이용해서 우리나라의 관계적 위치를 파악하여 우리 국토의 위치가 지닌 장점을 이해하도록 한다. 특히 수업 주제로 선정한 독도의 지리적 위치와 관계적 위치를 통해 독도가 우리나라의 영토임을 알 수 있다.

3 주제선정의 이유

우리 국토는 태평양과 접해 있어 중국, 일본 등 세계 여러 나라들과 바다를 통하여 교류를 해 왔으며, 앞으로도 세계 속에서 한국이 차지하는 비중은 점점 더 높아질 것이다. 그러나 우리 국토 가운데 독도는 일본과 오랜 시간 동안 영유권 다툼을 하고 있다. 이에 학생들에게 독도교육의 올바른 내용을 전달하여 독도가 소중한 우리나라의 영토임을 알게 하는 데 중점을 두어 주제를 선정하였다.

단원	제제	차시	내용요소	교수·학습활동	교과서 쪽수	창의 요소	인성 요소
1. 우리 국토의 모습과 생활	단원 도입	1		우리 국토의 모습과 잠재력 살펴보기	6~9	감수성	공동체 의식
	① 우리 국토의 영역과 위치	2	우리나라의 모습과 영역, 위치	·우리 국토의 영역 이해하기	8~12	다양성	협동
		3		·우리 국토의 위치적 장점 이해하기	13~15	유창성	공감
	② 기후와 우리 생활	4	우리나라의 기후 특징과 기후에 따른 생활 모습	·우리나라의 위치와 기후 알아보기	16~17	문제해결력	배려
		5		·지역별 기후의 특징 알아보기	18~19	감수성	책임
		6		·지역별 강수의 특징 알아보기	20~21	독창성	의사소통
		7		·우리 국토의 자연재해 알아보기	22~25	다양성	협동
	③ 지형과 우리 생활	8	우리나라의 지형적 특징과 지형에 따른 생활 모습	·지형에 따른 생활 모습 살펴보기	26~28	감수성	책임
		9					
		10		·동고서저의 지형적 특징 탐구하기	29~33	융통성	협동
	④ 우리나라의 산업과 교통	11	산업과 교통의 발달에 따른 지역의 변화 모습	·산업 구조의 변화와 지역 변화 알아보기	34~36	독창성	공감
		12		·우리나라의 공업 발달 과정과 주요 공업 지역 알아보기	37~39	정교성	배려
		13		·교통의 발달이 지역에 끼치는 영향 알아보기	40~43	호기심	협동
	⑤ 우리나라의 인구	14	인구 분포의 지역적 특징과 인구 특징	·우리나라 인구 분포의 지역적 특징 이해하기	44~46	감수성	자기 신뢰감
		15		·변화하는 인구 구성 알아보기	47~48	문제의식	의사소통
		16		·인구 변화와 사회 모습 변화 알아보기	49~51	독창성	배려
	단원정리	17		우리 국토의 모습을 다양한 방법으로 표현하기	52~53	다양성	자기신뢰감

5　수업모형

1. 수업모형 선정 이유

　오늘날 사회생활에서 가장 필요하고 중요한 능력인 창의적 사고력을 효율적으로 길러

주기 위해서는 교수·학습 전략과 이에 따른 구체적인 수업과정의 설정이 필요하다. 창의 적 사고력 신장과 가장 관련성이 깊은 사고 기능을 '의사결정과 문제해결'로 볼 때[6], 이를 단위수업에 적용할 수 있는 수업 과정으로 창의적 문제해결 학습모형을 제시할 수 있다.

2. 창의적 문제해결(C.P.S.) 학습 모형

1) 특징

시카고 대학의 창의성 프로젝트 연구 결과에서도 70% 이상의 뛰어난 창의적 인물들 이 다양한 분야의 지식과 기술의 철저한 습득이 자신의 창의적 성취에 밑거름이 되었다 고 기술하고 있다(최인수, 1998). 창의성과 영역지식의 관계를 강조하는 토대효과 관점 에서 일반적이고 상식적 차원의 창의성을 넘어서 특정 분야에서의 창의성이 발현되기 위해서는 해당 분야의 지식의 학습이 필수적이라고 본다(최일호·최인수, 2001).

또한 학교교육에서는 교과교육 맥락에서 이루어지는 창의성 신장 교육이 강조되고 있 으며, 과학을 비롯하여 수학, 국어, 사회과 등의 교과학습을 통해 습득된 영역지식과 능 력을 활용한 창의적 문제해결이 구체적인 방안으로 제시되고 있다(최일호·최인수, 2001; 구양미 외, 2006).

창의적인 문제해결을 위해서는 문제해결자, 즉 학습자가 문제와 방법, 해결책을 스스 로 발견하거나 창조할 수 있도록 해야 한다. 일반적인 문제해결과 창의적 문제해결의 차 이는 해결 방법에서도 있지만, 근본적으로 해결해야 할 문제의 특성에 기인한다.

창의적 문제해결은 문제가 비구조화된 경우 확산적 사고와 함께 요구되는 문제해결 방법 중 하나로 문제해결력과 창의력을 목적으로 한다. 즉, 창의적 문제해결 수업모형은 범위가 넓고, 여러 개의 답을 요하는 문제 상황에서 이를 해결하기 위해 확산적 사고와 수렴적 사고를 반복함으로써 문제를 창의적이고 효율적으로 해결해 나가기 위한 것이다. 그러므로 창의적 문제해결에 있어 교수자는 학습자들이 특정 영역의 지식과 기능을 활 용하여 문제를 해결하는 상황에서 사고전략을 활용하도록 요구하는 프로그램이 제공되 어 학습한 전략을 활용할 수 있는 기회를 제공해 주어야 하고, 학습자들의 발달의 특정

---

6) 의사결정이나 문제해결이 이루어지기 위해서는 아이디어의 생성(창의적 사고), 분석(아이디어 명료화), 평가(비판적 사고)에 관련된 사고력이 전제되어야 한다. 이러한 세 가지 사고 기술들은 독립적으로 사용되는 것은 아니며, 의사결정과 문제해결 과정에서 복합적으로 상호 연결되어 이루어진다. 따라서 의사결정이나 문제해결 과정의 경험을 통해서 자연스럽게 창의적 사고력과 비판적 사고력이 길러질 수 있는 것이다[스워츠와 파크스(Swartz&Parks, 1994)의 사고 영역 설명도].

단계별로는 특정 요소에 더 강조점을 두어 지도할 수 있을 것이다.

창의적으로 문제를 해결하기 위한 모형에 대해 Osborn은 사실 찾기(문제 정의), 아이디어 찾기(아이디어 생산), 해결안 찾기(평가와 적용)의 3단계로 나누고 이 세 단계는 다시 해결방침을 결정하는 단계, 준비 단계, 분석 단계, 관념 형성 단계, 숙고 단계, 종합단계, 평가 단계로 제시하였다.

Osborn-Parnes(Isaksen & Treffinger, 1985; Parnes, 1981)의 창의적 문제해결 모델에서는 학습자들로 하여금 문제해결의 다섯 단계인 사실 찾기, 문제 찾기, 아이디어 찾기, 아이디어 평가하기, 아이디어 실천하기의 각 단계마다 일반적인 지식과 기능, 특정 영역에서의 지식과 기능, 확산적 사고와 비판적 사고를 모두 사용하도록 격려한다.

효과적인 창의적 문제해결 모형(Isaksen·Treffinger, 1985; Parnes, 1981)은 사실 발견, 문제 발견, 아이디어 발견, 해결책 발견(아이디어 평가), 수용 발견(아이디어 적용)이라는 다섯 단계에서 학습자들이 확산적, 수렴적 사고에 참여하도록 유도하고 있어 GBS 교수설계 모형 설계에 다양한 학습전략과 창의적 문제해결을 위한 도구와 사고기법들의 융합이 필요하다고 볼 수 있다.

2) 창의적 문제해결(C.P.S.) 학습 모형의 적용 절차

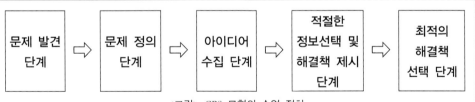

<그림> CPS 모형의 수업 절차

(1) 문제 발견 단계: 주어진 이슈와 실생활을 연관시켜 동기를 유발시키는 단계
(2) 문제 정의 단계: 문제를 구체적이고 명확하게 진술하고 이를 공유하는 단계
(3) 아이디어 수집 단계: 다양한 입장차를 경험하고 문제해결책을 탐색하는 단계
(4) 적절한 정보 선택 및 해결책 제시 단계: 여러 해결책에 따른 결과들을 살펴보면서 소집단별로 입장을 정하고 이를 뒷받침할 수 있는 자료들을 구체적으로 구성하는 단계
(5) 최적의 해결책 선택 단계: 소집단별로 선택한 해결책을 서로 공유한 후, 최적의 해결책을 선정하는 단계 – 학습자들은 소집단별 해결책을 발표하고 자신들의 입장을 다른 소집단들에게 설득시킬 수 있어야 함.

3. 수업모형의 적용 절차

학습 단계	학습 요소	교수·학습 활동	창의·인성 요소 및 학습 전략
문제 발견 단계	동기유발 학습 목표 확인	· 동기유발 자료 확인 · 학습 목표 확인하기	· 호기심 · 문제의식 · 고든기법
문제 정의 단계	학습활동 1	· 독도의 위치 및 형성과정 알기 　-독도의 위성사진 제시 　-형성 과정 설명	· 정교심, 다양성 · 마인드맵
아이디어 수집 단계	학습활동 2	· 우리 땅 독도를 알리는 방법 찾기	· 독창성, 융통성, 문제해결력 · 협동심
적절한 정보선택 및 해결책 제시 단계	학습활동 3	· 독도 사랑 우표 만들기	· 유창성, 독창성 · 적극성, 성실성, 협동심
최적의 해결책 선택 단계	정리 및 차시예고	· 작품 감상 및 정리하기	· 끈기, 열정, 정교성, 개방성 · 사회성, 이해심

6 학습단원의 개요

단원명		1. 우리 국토의 모습과 생활	학기		1학기
학습주제		독도 사랑 우표 만들기	소요차시	사회	3차시
학습목표	교과학습 목표	· 우리나라의 영토, 영해, 영공을 말할 수 있다. · 독도의 영역을 알고 위치가 지닌 장점을 말할 수 있다.			
	창의·인 성목표	· 독도의 위치적 장점을 찾아 독도 사랑 우표를 만들 수 있다. · 모둠 활동에서 협동심과 책임감을 가지고 활동할 수 있다. · 친구들의 발표에서 긍정적인 면을 찾아 칭찬할 수 있다.			

창의·인성 요소 및 창의사고 기법	·창의요소: 융통성, 정교성, 호기심, 문제의식, 독창성 ·인성요소: 협동, 책임, 공동체 의식, 자기신뢰감, 대인관계능력 ·창의사고 기법: 고든기법, 마인드맵
학습자료	·'독도는 우리 땅' 노래 플래시 자료, 사인펜, 색연필
유의사항	·독도의 영역과 위치를 살펴봄으로써 우리 독도에 대한 이해의 폭을 넓히는 데 주안점을 두도록 한다. ·다양한 방법으로 활동이 이루어지게 하여 확산적 사고와 긍정적 사고가 이루어질 수 있도록 한다.

7 평가계획

<평가 방법과 평가 시기>

평가영역	평가 기준	평가 방법	평가 시기
교과 학습 목표	·우리나라의 영토, 영해, 영공을 말할 수 있는가?	·학습지	·정리단계
	·독도의 영역을 알고 위치가 지닌 장점을 말할 수 있는가?	·학습지	·정리단계
창의· 인성목표	·독도의 위치적 장점을 찾아 독도 사랑 우표를 창의적으로 만들 수 있는가?	·산출물	·정리단계
	·모둠 활동에서 협동심과 책임감을 가지고 활동할 수 있는가?	·상호평가	·정리단계
	·친구들의 발표에서 긍정적인 면을 찾아 칭찬할 수 있는가?	·자기평가	·정리단계

<평가 지침(사전 학생 제공 자료)>

평가 수준 / 평가 대상	잘함	보통	노력 필요함
우리나라의 영토, 영해, 영공을 알기	·우리 국토의 위치가 지닌 장점을 두 가지 이상 설명할 수 있다.	·우리 국토의 위치가 지닌 장점을 한 가지 이상 설명할 수 있다.	·우리 국토의 위치가 지닌 장점을 설명하지 못하고 있다.
독도의 영역을 알고 위치가 지닌 장점 말하기	·독도의 위치가 지닌 장점을 두 가지 이상 설명할 수 있다.	·독도의 위치가 지닌 장점을 한 가지 이상 설명할 수 있다.	·독도의 위치가 지닌 장점을 설명하지 못하고 있다.
칭찬합시다(상호평가지)를 잘 작성하기	·상호평가지의 세 가지 항목에 대한 이유를 잘 서술하였다.	·상호평가지의 두 가지 항목에 대한 이유를 잘 서술하였다.	·상호평가지의 한 가지 항목밖에 서술하지 못하거나 전 항목에 대한 이유를 잘 서술하지 못했다.

8

차시별 교수 · 학습 과정안

3차시	우리나라의 독도의 모습과 영역, 위치 알기		

활동 주제		독도 사랑 우표 만들기	차시	3/17 (40분)
학습 목표	교과 학습목표	· 우리나라의 영토, 영해, 영공을 말할 수 있다. · 독도의 영역을 알고 위치가 지닌 장점을 말할 수 있다.		
	창의 · 인성 목표	· 독도의 위치적 장점을 찾아 독도 사랑 우표를 만들 수 있다. · 모둠 활동에서 협동심과 책임감을 가지고 활동할 수 있다. · 친구들의 발표에서 긍정적인 면을 찾아 칭찬할 수 있다.		

◆ 문제 발견   소요시간: 5분   ■ 창의 · 인성요소
                                                   □ 학습전략

【동기유발】 **독도 영상 보면서 노래부르기** · '독도는 우리 땅' 노래를 다함께 불러봅시다. 가사를 생각하며 힘차게 노래 부른다. **노래 부르고 난 후 느낌 발표하기** －요즘 뉴스에서 독도이야기에 대해 발표한다. **문제는 무엇이라고 생각하는지 알아보기** －문제에 대한 본인들의 생각을 자유롭게 이야기한다. 【학습문제 확인】 **학습문제 생각하여 발표하기** ♣ 독도는 우리 땅임을 알고 사랑하는 마음으로 우표를 만들어 봅시다. **학습 안내하기** 【활동 1】 독도의 위치 및 형성과정 알기 【활동 2】 우리 땅 독도를 알리는 방법 찾기 【활동 3】 독도 우표 만들기	■ 호기심 □ **고든기법** ■ 융통성, 문제의식

◆ 문제 정의　　　　　　　　　　　소요시간: 10분　　■ 창의·인성요소
　　　　　　　　　　　　　　　　　　　　　　　　　　□ 학습전략

【활동 1】 독도의 위치 및 형성과정 알기 독도에 대해 알아봅시다. －독도에 대한 마인드맵을 작성해 본다. －독도의 자연환경, 살고 있는 동식물, 독도를 지키기 위해 노력한 사람들 등에 대해 살펴본다. －사전 과제로 제시한 독도에 대한 자료를 찾아본다.	■ 정교성 □ 마인드맵

◆ 아이디어 수집 단계　　　　　　소요시간: 10분　　■ 창의·인성요소
　　　　　　　　　　　　　　　　　　　　　　　　　　□ 학습전략

【활동 2】 우리 땅 독도를 알리는 방법 찾기 인물의 성격을 알 수 있는 방법 알아보기 －신문기사를 보며 독도가 우리 땅임을 알릴 수 있는 방법에는 무엇이 있을지 생각해봅시다. －누가 무엇을 왜 했는지 살펴보면서 우리 땅인 독도를 지키기(독도 사랑) 위해 우리가 할 수 있는 일을 생각해본다.	■문제의식

◆ 적절한 정보선택 및 해결책 제시　　　　소요시간: 10분

【활동 3】 독도 우표 만들기 독도 우표 꾸미기 －독도의 아름다움을 생각하며 우표를 꾸며 봅시다. －꾸미고 싶은 우표를 선택하여 예쁘게 꾸미도록 한다. －평소 자신이 생각한 독도에 대해 자유롭게 꾸미도록 한다.	■유창성, 협동심

◆ 최적의 해결책 선택　　　　　　소요시간: 5분　　■ 창의·인성요소
　　　　　　　　　　　　　　　　　　　　　　　　　　□ 학습전략

【정리】 독도 우표 작품 전시 및 감상하기 작품 감상하기 및 정리하기 －작품을 게시하며 친구의 작품을 감상해 봅시다. －독도는 우리 땅임을 알고 독도를 사랑하고 아끼는 마음을 갖도록 합시다. －'독도는 우리 땅' 노래를 다시 한 번 불러봅시다.	■공동체 의식

인물망(마인드맵)

◉ 독도에 대한 마인드맵을 만들어 봅시다.

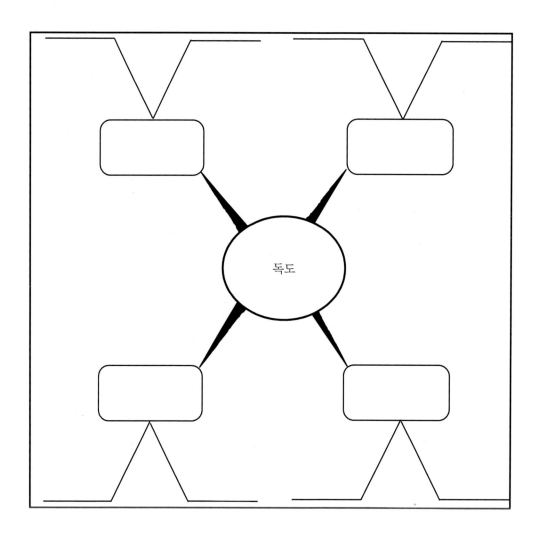

독도 관련 인물

◉ 다음 읽기자료를 보고 독도에 대한 인물들의 생각을 알아봅시다.

뉴욕타임스에 "독도는 한국 땅"
　　　기부천사 김장훈·한국홍보전문가 서경덕 전면광고 실어

▲ 김장훈	▲ 서경덕

가수 김장훈 씨와 한국 홍보 전문가 서경덕 씨가 미국의 대표적 일간지 '뉴욕타임스'에 동해와 독도를 알리는 전면광고를 실었다.

9일자 뉴욕타임스 A15면 광고의 제목은 '당신은 알고 있나요?'(DO YOU KNOW?)이며, 동해(East Sea)와 독도(Dokdo)가 표기된 한반도 주변 지도 아래 "지난 2000년 동안 한국과 일본 사이에 있는 바다는 '동해'로 불려 왔고, 동해에 위치한 '독도'는 한국의 영토다. 일본 정부는 이 사실을 인정해야만 한다"는 문구가 쓰여 있다.

사이버 외교사절단 '반크' 홍보대사인 김장훈 씨는 "국제 사회의 잘못된 인식을 바로잡고 싶어 광고를 냈다"고 밝혔다.
서경덕 씨는 그동안 사비를 들여 뉴욕타임스 등에 독도와 동해를 알리는 광고를 실어 왔다.

---

1. 누가 어떤 일을 하였나요?

2. 왜 이런 일을 하였을까요?

3. 우리가 할 수 있는 일은 무엇이 있을지 생각해 보세요.

사회과 독도 수업의 실제

독도 지킴이께 감사 편지 쓰기

| 1 | 단원명 |

단원 6-1	1. 우리 국토의 모습과 생활

| 2 | 수업주제 |

　이 차시에서는 다양한 옛 문헌자료들을 통해 우리 땅 독도를 살펴봄으로써 독도가 우리나라 땅임을 알고, 이를 통해 영역 정체성을 갖도록 한다. 나아가 현재 우리 땅 독도와 관련된 국제 사회의 이슈를 파악하고, 독도를 지키고 사랑하는 방법 및 독도를 지키는 분들께 감사하는 마음을 갖도록 하는 데 주안점을 두고 있다.

| 3 | 주제선정의 이유 |

　오랜 시간 동안 독도에 대한 우리나라와 일본 간의 영유권 다툼이 지속되고 있다. 특히 현재 상황은 외교적 마찰에까지 이를 만큼 심각해졌다. 독도가 우리나라의 땅이라는 것은 당연한 사실이지만, 그 사실만으로는 국제 사회에서 독도의 영유권을 주장하기에는 부족하다. 앞으로 이런 문제에 올바르게 대처하기 위해 학생들에게 독도가 왜 우리나라 땅이고, 나아가 독도를 사랑하고 지키는 방법을 알고 느끼게 하는 데 중점을 두어 주제를 선정하였다.

단원	제제	차시	내용요소	교수 · 학습활동	교과서 쪽수	창의 요소	인성 요소
1. 우리 국토의 모습과 생활	단원 도입	1		우리 국토의 모습과 잠재력 살펴보기	6~9	감수성	공동체 의식
	① 우리 국토의 영역과 위치	2	우리나라의 모습과 영역, 위치	· 우리 국토의 영역 이해하기	8~12	다양성	협동
		3		· 우리 국토의 위치적 장점 이해하기	13~15	유창성	공감
	② 기후와 우리 생활	4	우리나라의 기후 특징과 기후에 따른 생활 모습	· 우리나라의 위치와 기후 알아보기	16~17	문제해결력	배려
		5		· 지역별 기후의 특징 알아보기	18~19	감수성	책임
		6		· 지역별 강수의 특징 알아보기	20~21	독창성	의사소통
		7		· 우리 국토의 자연재해 알아보기	22~25	다양성	협동
	③ 지형과 우리 생활	8	우리나라의 지형적 특징과 지형에 따른 생활 모습	· 지형에 따른 생활 모습 살펴보기	26~28	감수성	책임
		9					
		10		· 동고서저의 지형적 특징 탐구하기	29~33	융통성	협동
	④ 우리나라의 산업과 교통	11	산업과 교통의 발달에 따른 지역의 변화 모습	· 산업 구조의 변화와 지역 변화 알아보기	34~36	독창성	공감
		12		· 우리나라의 공업 발달 과정과 주요 공업 지역 알아보기	37~39	정교성	배려
		13		· 교통의 발달이 지역에 끼치는 영향 알아보기	40~43	호기심	협동
	⑤ 우리나라의 인구	14	인구 분포의 지역적 특징과 인구 특징	· 우리나라 인구 분포의 지역적 특징 이해하기	44~46	감수성	자기 신뢰감
		15		· 변화하는 인구 구성 알아보기	47~48	문제의식	의사소통
		16		· 인구 변화와 사회 모습 변화 알아보기	49~51	독창성	배려
	단원정리	17		우리 국토의 모습을 다양한 방법으로 표현하기	52~53	다양성	자기신뢰감

5 수업모형

1. 수업모형 선정 이유

탐구 학습은 사회과뿐만 아니라 다른 교과에서도 마찬가지로 학습자로 하여금 다양한 자료를 통하여 일반화 지식을 도출하거나, 이미 생성된 지식의 타당성을 확인하는 능력을 기르는 학습방법이다. 이는 단순히 학생이 지식을 수용하는 것이 아닌, 지식과 관련된 다양한 자료를 수집하고 타당성을 검증하는 과정을 거침에 따라 학생들이 스스로 지식을 구성하는 학습방식이다. 학습과정에 따라 고차적 사고력을 길러줄 수 있다는 장점이 있다. 무엇보다도 현 독도와 관련되어 학생들이 '독도가 우리 땅'이라는 단편적 지식만이 아니라, 독도가 왜 우리 땅인지 그 근거를 알아보고 학생 스스로 독도에 대한 개념을 형성해 갈 수 있는 수업 과정으로 탐구학습모형을 선정하였다.

2. 탐구학습모형

1) 특징

탐구는 현재 당면한 가치와 문제에 대한 반성적 검토이며, 당면한 문제를 그들의 기초가 되는 가설에 비추어 판단·평가하고 결론을 도출하는 과정을 탐구과정이라 한다. 탐구수업이란 학생들 스스로 문제해결을 위한 가설을 세우고, 관찰과 실험을 하며 자료를 수집하고 개념형성이나 일반화를 도출하게 하는 수업방법을 의미한다.

탐구학습에서는 사회과학적 지식의 기본 개념이나 원리의 습득과 그러한 지식의 도출 과정인 연구 방법과 탐구 과정에 대한 학습을 중시한다. 일반적으로 탐구 학습의 강조점이 '사실 탐구'에 있지만, 가치탐구를 배제하는 것은 아니다.

탐구수업의 분위기는 다른 사람의 견해를 받아들일 수 있을 정도로 공개적이어야 하며 교실에서 발표되는 견해와 진술은 모두 조사해 볼 가치가 있는 명제로 받아들여져야 한다.

탐구수업에서는 탐구의 초점과 방향을 정해 주는 가설이 중시된다. 가설이 토론의 초점이 될 때 다른 수업 방법과 구별된다. 한편 탐구수업에서는 가설을 입증하기 위해 사실을 사용한다. 전통적 수업에서는 사실의 획득이 중시되지만 탐구수업에서는 사실이 가설을 입증하는 증거로 사용된다.

탐구 학습은 자연 과학적 연구 방법을 사회과 수업에 적용하기 위해서 개발된 모형이기 때문에 사회 현상 중에서도 법칙성이 강한 이론이나 일반화를 도출할 수 있는 주제에 적용하는 것이 적절하다. 하지만 학년에 따라 학습자의 인지 발달 수준이 다르기 때문에 그 적용 수준을 적절히 조절하여야 한다.

2) 탐구 학습 모형의 적용 절차

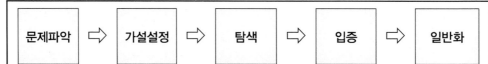

〈그림〉 탐구학습 모형의 수업 절차

(1) 문제파악: 당면하고 있는 여러 과제 중에서 탐구문제가 될 만한 것을 파악한다.

(2) 가설설정: 문제의 내용으로부터 일반화시킬 수 있는 잠정적인 결론을 설정한다.

(3) 탐색: "만약 ~라면, ~이다"라는 식으로 가설에 대해 논리적으로 검증한다.

(4) 입증: 가절을 검증하는 데 필요한 사실과 증거를 수집하여 분석·평가한다.

(5) 일반화: 발견된 사실에서 일반적으로 적용할 수 있는 진술을 이끌어 낸다.

3. 수업모형의 적용 절차

학습 단계	학습 요소	교수·학습 활동	창의·인성 요소 및 학습 전략
문제 파악 및 가설 설정 단계	동기유발 학습 목표 확인	·동기유발 자료 확인 ·학습 목표 확인하기	·호기심, 문제의식 ·고든기법
탐색 단계	학습활동 1	·독도가 우리나라 땅인 근거 찾기	·다양성, 정교성, 개방성
입증	학습활동 2	·우리 땅 독도 홍보방법 알아보기	·독창성, 유창성, 문제해결력 ·협동심, 적극성, 책임감
	학습활동 3	·독도지킴이께 감사 편지 쓰기	·유창성 ·적극성, 성실성
최적의 해결책 선택 단계	정리 및 차시예고	·독도의 가치 정리하기	·정교성

단원명		1. 우리 국토의 모습과 생활	학기	1학기	
학습주제		독도지킴이께 감사 편지 쓰기	소요차시	사회	3차시
학습목표	교과 학습목표	·독도의 영역을 알고 독도가 지닌 가치를 말할 수 있다.			
	창의· 인성목표	·독도의 소중함을 알고 독도지킴이분들께 감사 편지를 쓸 수 있다. ·모둠 활동에서 협동심과 책임감을 가지고 활동할 수 있다. ·학습활동에 성실하고 적극적으로 참여할 수 있다.			
창의·인성 요소 및 창의사고 기법		·창의요소: 호기심, 문제의식, 다양성, 정교성, 개방성, 독창성, 문제해결력 ·인성요소: 협동성, 적극성, 책임감, 성실성 ·창의사고 기법: 고든기법			
학습자료		·'독도 관련' 뉴스 동영상, 편지지, 편지봉투, 필기도구			
유의사항		·독도가 우리 땅이라는 것을 단순 전달하는 것이 아닌 학생들이 조사한 것으로부터 이끌어 낼 수 있도록 한다. ·독도의 소중함을 학생이 느낄 수 있도록 하며 독도를 사랑하고 지키는 마음을 갖는 것에 주안점을 두도록 한다.			

7　평가계획

<평가 방법과 평가 시기>

평가영역	평가 기준	평가 방법	평가 시기
교과 학습목표	·독도의 영역을 알고 독도가 지닌 가치를 말할 수 있는가?	·학습지	·정리단계
창의·인 성목표	·독도의 소중함을 알고 독도지킴이 분들께 감사 편지를 쓸 수 있는가?	·산출물	·정리단계
	·모둠 활동에서 협동심과 책임감을 가지고 활동 할 수 있는가?	·상호평가	·정리단계
	·학습활동에 성실하고 적극적으로 참여했는가?	·자기평가	·정리단계

<평가 지침(사전 학생 제공 자료)>

평가 수준 / 평가 대상	잘함	보통	노력 필요함
독도의 영역을 알고 독도 가 지닌 가치 말하기	·**독도**가 지닌 가치를 두 가지 이상 설명할 수 있다.	·**독도**가 지닌 가치를 한 가지 이상 설명할 수 있다.	·**독도**가 지닌 장점을 설명하지 못하고 있다.
감사의 편지 잘 작성하기	·감사의 편지에 독도지킴이 분들에 대한 감사의 마음과 자신의 다짐이 둘 다 잘 드러나게 작성하였다.	·감사의 편지에 독도지킴이 분들에 대한 감사의 마음이나 자신의 다짐 중 하나가 잘 드러나게 작성하였다.	·감사의 편지에 독도지킴이분들에 대한 감사의 마음이나 자신의 다짐 모두를 잘 드러나지 못하게 작성하였다.

3차시	우리나라의 독도의 모습과 영역, 위치 알기		

활동 주제		독도지킴이께 감사 편지 쓰기	차시	3/17 (40분)
학습 목표	교과 학습목표	·독도의 영역을 알고 독도가 지닌 가치를 말할 수 있다.		
	창의·인성 목표	·독도의 소중함을 알고 독도지킴이분들께 감사 편지를 쓸 수 있다. ·모둠 활동에서 협동심과 책임감을 가지고 활동할 수 있다. ·학습활동에 성실하고 적극적으로 참여할 수 있다.		

◆ 문제 파악 및 가설 설정   소요시간: 5분   ■ 창의·인성요소
□ 학습전략

【동기유발】 **플래시 자료 보고 문제점 찾기** ·플래시 자료를 보고 문제점을 찾아봅시다. **'독도 관련' 뉴스 동영상을 보고 문제점 찾기** －뉴스에서 독도이야기에 대해 발표한다. **2개의 영상에서 공통된 문제점 찾기** －공통적으로 발생되는 문제를 발표한다. 【학습문제 확인】 **학습문제 생각하여 발표하기** ♣ 독도는 우리 땅임을 알고, 독도를 지켜주시는 분들께 감사의 편지를 써 봅시다. **학습 안내하기** 【활동 1】 독도가 우리나라 땅인 근거 찾기 【활동 2】 우리 땅 독도 홍보방법 알아보기 【활동 3】 독도지킴이께 감사 편지 쓰기	■ 호기심 □ **고든기법** ■ 문제의식

◆ 탐색	소요시간: 7분	■ **창의 · 인성요소** □ **학습전략**
【활동 1】 독도가 우리나라 땅인 근거 찾기 **독도가 왜 우리나라 땅인지 알아봅시다.** - 독도가 우리나라 땅인 근거를 옛 문헌을 조사한 것을 토대로 발표해 본다. - 일본이 독도가 자신의 나라 땅이라고 제시한 근거 중 틀린 부분에 대해 조사한 것을 발표한다.		■ 다양성, 정교성, 개방성

◆ 입증	소요시간: 10분	■ **창의 · 인성요소** □ **학습전략**
【활동 2】 우리 땅 독도 홍보방법 알아보기 **독도를 다른 나라에 홍보하는 방법 알아보기** - 홍보물을 보며 독도가 우리 땅임을 알릴 수 있는 방법에는 무엇이 있을지 생각해본다. - 홍보물에서 만든 이가 말하고 싶은 내용이 무엇인지, 왜 홍보물을 만들게 되었는지 알아보면서 우리나라 땅 독도를 홍보할 수 있는 방법을 생각해 본다.		■ 독창성, 유창성, 문제해결력 ■ 협동심, 적극성

소요시간: 10분

【활동 3】 독도지킴이께 감사 편지 쓰기 **독도를 지키고 계신 분들께 감사 편지 작성하기** - 독도에 거주하면서 독도를 지키기 위해 근무하시는 분들께 감사함을 느끼며 편지를 작성하도록 한다. - 편지의 내용에 앞으로 독도를 지키기 위해 자신이 할 수 있는 일을 다짐 형식으로 쓸 수 있도록 한다. - 평소 자신이 생각한 독도에 대해 자유롭게 꾸미도록 한다.	■ 유창성 ■ 적극성, 성실성

◆ 일반화	소요시간: 8분	■ **창의 · 인성요소** □ **학습전략**
【정리】 독도의 가치 정리하기 - 독도의 가치를 다양한 측면에서 정리하도록 한다. - 독도는 우리 땅임을 알고 독도를 사랑하고 아끼는 마음을 갖도록 합시다.		■ 정교성

　　　　　독도 관련 홍보물

◉ 다음 홍보물을 보고 독도에 대한 만든 이의 생각을 알아봅시다.

1. 홍보물이 말하고자 하는 공통적인 내용은 무엇인가요?

2. 왜 이런 홍보물을 만들었을까요?

3. 우리가 할 수 있는 일은 무엇이 있을지 생각해 보세요.

사회과 독도 수업의 실제

우리 섬 독도이야기

1　단원명

단원 6-1	1. **우리 국토의 모습과 생활**(사회)

2　수업주제

　1단원에서는 '우리 국토의 위치와 영역', '기후와 우리 생활', '지형과 우리 생활', '우리나라의 산업과 교통', '우리나라의 인구'의 다섯 가지 주제를 통해 세계 속에서 우리나라의 위치와 영역을 확인하고, 국토의 자연환경과 교통, 자원과 산업, 문화, 인구와 취락 등의 인문환경에 관한 주요 사실과 특성을 파악하도록 하는 데 주안점을 두고 있다.

　이에 본 수업에서는 우리 국토의 위치와 영역을 지구본과 세계 지도를 활용하여 확인한 후 우리나라 국토의 위치가 지닌 장점과 영역의 특수성을 확인함으로써 국가 수준에서 우리나라에 대한 지역 인식의 기초를 형성하는 데 중점을 두었다.

3　주제선정의 이유

　이 단원에서는 우리나라에 관한 자연환경과 인문환경에 대해 학습하는 것에 주안점을 두고 있다. 우리나라의 자연환경을 학습함에 있어 영토, 영해, 영공 등 국토의 범위를 학습하게 되는데 이에 요즈음 이슈가 되고 있는 독도에 대해 자세히 알아보고 학습하는 활동을 통하여 감정적인 주장이 아닌 이성적인 국토관을 갖게 하고자 한다.

1. 단원의 학습 구성

단원	주제	차시	주제별 주요 내용요소	차시별 학습 활동	교과서 쪽수
1. 우리 국토의 모습과 생활	단원도입	1		우리 국토의 모습과 잠재력 살펴보기	(교)6~9 (탐)6~7
	① 우리 국토의 위치와 영역	2	우리 국토의 모습과 위치, 영역	·우리 국토의 영역 이해하기 ·우리 섬 독도이야기(자연환경, 역사)	(교)10~15 (탐)8~11
		3		·우리 섬 독도이야기(독도의 가치)	(교)13~15 (탐)10~11
		4		·우리 섬 독도이야기(서로 다른 이야기)	(교)13~15 (탐)10~11
	② 기후와 우리 생활	5	우리 국토의 기후특징과 기후에 따른 생활모습	·우리나라의 위치와 기후 알아보기	(교)16~17 (탐)12~13
		6		·지역별 기온의 특징 알아보기	(교)18~19 (탐)14~15
		7		·지역별 강수의 특징 알아보기	(교)20~22 (탐)16~17
		8		·우리나라의 자연재해 알아보기	(교)23~25 (탐)18~19
	③ 지형과 우리 생활	9	우리나라의 지형적 특징과 지형에 따른 생활 모습	·지형에 따른 생활 모습 살펴보기	(교)26~28 (탐)20~23
		10		·동고서저의 지형적 특징 탐구하기 1	(교)29~31 (탐)24
		11		·동고서저의 지형적 특징 탐구하기 2	(교)32~33 (탐)24~25
	④ 우리나라의 산업과 교통	12	산업과 교통의 발달에 따른 지역의 변화 모습	·산업 구조의 변화와 지역 변화 알아보기	(교)34~36 (탐)26~27
		13		·우리나라의 공업 발달 과정과 주요 공업 지역 알아보기	(교)37~39 (탐)28~29
		14		·교통의 발달이 지역에 미치는 영향 알아보기	(교)40~43 (탐)30~31
	⑤ 우리나라의 인구	15	인구 분포의 지역적 특징과 인구 특징	·변화하는 인구 구성 알아보기	(교)44~46 (탐)32~33
		16		·우리나라 인구 분포의 지역적 특징 이해하기	(교)47~48 (탐)34~35
		17		·인구 변화와 사회 모습 변화 알아보기	(교)49~51 (탐)36~37
	단원정리	18		우리 국토의 모습을 다양한 방법으로 표현하기	(교)52~53 (탐)38~39

2009 개정 교육과정에서 강조하는 창의·인성 요소에는 다음과 같은 것들을 뽑을 수 있다.

차시	교수 학습 활동 내용	창의 요소	인성 요소
1	· 우리 국토의 모습과 잠재력 살펴보기	호기심	
2~4	· 우리 국토의 지리적 장점 이해하기 · 우리 국토의 영역 이해하기 · 우리 섬 독도이야기	호기심 민감성 유창성	개방성 소유 비판적 사고력
5~8	· 우리나라의 위치와 기후 알아보기 · 지역별 기온의 특징 알아보기 · 지역별 강수의 특징 알아보기 · 우리나라의 자연재해 알아보기	다양성 창의성	민감성
9~11	· 지형에 따른 생활 모습 살펴보기 · 동고서저의 지형적 특징 탐구하기 1 · 동고서저의 지형적 특징 탐구하기 2	다양성 호기심	민감성
12~14	· 산업구조의 변화와 지역 변화 알아보기 · 우리나라의 공업 발달 과정과 주요 공업 지역 알아보기 · 교통의 발달이 지역에 미치는 영향 알아보기	확산적 사고 다양성	소유
15~17	· 변화하는 인구 구성 알아보기 · 우리나라 인구 분포의 지역적 특징 이해하기 · 인구 변화와 사회 모습 변화 알아보기	확산적 사고 다양성	민감성
18	· 우리 국토의 모습을 다양한 방법으로 표현하기	다양성 창의성	소유

1. 수업모형 선정 이유

탐구 학습은 학습자로 하여금 다양한 자료를 통하여 일반화 지식을 도출하게 하거나, 이미 생성된 지식의 타당성을 확인하는 능력을 기르기 위한 학습 방법이다. 탐구학습에서는 사회과학적 지식의 기본 개념이나 원리의 습득과 그러한 지식의 도출 과정인 연구 방법과 탐구 과정에 대한 학습을 중시한다. 일반적으로 탐구 학습의 강조점이 '사실 탐구'에 있지만 가치 탐구를 배제하는 것은 아니다.

이에 본시학습에서는 국토의 의미를 알고 이에 속하는 우리 섬 독도에 대해 스스로 탐구하는 활동을 실시한다. 스스로 독도에 대하여 탐구하고 알아보는 일련의 과정을 통하여 호기심, 정보처리능력 등을 키울 수 있을 뿐 아니라 시사적인 이슈에 관심을 갖는 민감성을 기를 수 있을 것이다.

2. 사회과에서의 웹기반 학습

웹을 기본으로 하는 ICT활용교육이 사회과에서 효과적인 이유를 다양한 연구결과를 살펴보면 확인할 수 있다.

첫 번째, ICT활용교육은 기본적으로 사회과 학습목표의 접근에 가장 유리한 조건을 제공해 준다. 사회과는 사회 현실과 매우 밀접한 교과로서 현실사회를 학습의 대상으로 하고 있다. ICT활용교육은 현실사회의 실제적인 사회문제들을 정보로 활용 가능하도록 해주기 때문에 사회과의 학습목표 접근에 가장 적합한 교수·학습의 매체가 될 수 있는 것이다.

두 번째, ICT활용교육은 사회과 학습에 있어서, 특히 학습자의 자기주도적 학습을 강화시켜 줄 수 있다. 인터넷이 가진 대표적 속성인 하이퍼텍스트는 학습자가 자신의 구성적 지식을 바탕으로 새로운 지식과 문제에 손쉽게 접근 가능하게 하여 학습자 스스로 문제를 구성하고, 이해하고, 분석하고 결론 내릴 수 있도록 도와줄 수 있다. 이는 학습자 중심의 교육과정이라고 하는 제7차 교육과정의 정신을 구현하는 데 유용한 도움을 줄 수 있음을 나타내는 것이다.

세 번째, ICT활용교육은 학습자의 협동학습을 가능하게 한다. 인터넷은 공간의 범위를 초월하는 장점뿐만 아니라 시간적 제약으로부터도 비교적 자유로울 수 있다. 자신의 의견을 제시하는 사람은 시간에 구애받지 않고 자신의 의견을 개진할 수 있으며, 이 의견을 청취하는 학습자도 자신이 선택한 편리한 시간에 다른 학습자의 의견을 청취할 수 있다. 때문에 현재 우리나라의 학교 현실에 비추어 볼 때 기존의 학교수업에서는 얻기 어려운 진정한 의미의 협동학습이 가능해질 수 있는 것이다.

네 번째, ICT활용교육은 협동학습을 가능하게 해 줌으로 해서 학습자 스스로 구성한 지식을 다양한 시각에서 검증할 수 있는 기회를 제공한다. 인터넷이 가진 특성 중 하나인 상호작용의 가능성은 학습자 스스로 구성한 지식이라 할지라도 동료 학습자나 특정 분야의 전문가들과의 상호작용을 통해서 학습자 스스로 구성한 지식을 스스로 검증하고 수정·보완할 수 있는 충분한 기회를 제공할 수 있다. 이 과정은 사회과에서 중시하는 의사결정 과정에 있어서 많은 대안들을 비교하고 분석하여 그중 하나를 선택하는 과정에 있어서 주관적 오류를 줄일 수 있는 기회를 제공해 주기 때문에 ICT활용교육은 사회과에서 유용한 수업방법이 될 수 있을 것이다.

다섯 번째, ICT활용교육은 풍부하고도 다양한 정보를 학습자에게 제공해 준다. 학습자는 자신이 원한다면 아직 가공되지도 않은 인공위성의 구름사진을 자신의 정보로 활용할 수도 있으며, 온라인으로 제공되는 엄청난 양의 박물관과 미술관의 자료들을 활용할 수도 있다. 즉 학습자에게 제공되는 자료가 일차적인 가공을 거친 상태가 아닌 원천적 자료의 형태로 학습자에게 전달될 수 있다는 것이다. 이는 학습자의 창의적인 문제해결력 증진이라고 하는 제7차 교육과정의 정신을 구현하는 데 있어서 유용한 의미를 지니는 것이다.

3. 수업모형의 적용 절차

학습 단계	학습 요소	교수·학습 활동	창의·인성 요소 및 학습 전략
문제파악	동기유발 학습 목표 확인	·동기유발 자료 확인 ·학습 목표 확인하기	·호기심 ·동영상 활용
가설설정	내용 및 지식 파악	·국토의 정의 알기 ·예시자료 배경 확인하기	·정교성
탐색	탐색하기	·독도의 자연환경 알아보기 ·역사 속 독도 알아보기	·호기심, 민감성 ·정보처리 능력
입증	독도 안내카드 만들기	·안내카드 계획 세우기 ·안내 카드 만들기	·유창성, 독창성 ·정보처리능력
일반화	동료 평가	·동료 평가하기	·소유, 개방성

7 학습단원의 개요

단원명	1. 우리 국토의 모습과 생활		학기	1학기	
학습주제	**우리 섬 독도에 대하여 알아보기**		소요차시	사회	3차시
학습목표	교과 학습목표	·국토의 정의를 알 수 있다. ·우리 섬 독도의 다양한 특징을 살피고 설명할 수 있다.			
	창의· 인성목표	·시사적 이슈에 관심을 갖는 민감성을 기를 수 있다. ·타인의 결과물을 평가하고 인정하는 활동을 통해 개방성과 소유하는 마음을 기를 수 있다.			
창의·인성 요소	·창의요소: 호기심, 독창성, 유창성, 민감성 ·인성요소: 소유, 개방성				
학습자료	·컴퓨터, 활동지, 상호평가지				
유의사항	·주장에는 명확한 근거가 뒷받침되어야 함을 알 수 있도록 한다. ·더욱 효과적인 학습을 위해 동영상 및 플래시자료는 수정하여 사용할 수 있다.				

8 평가계획

<평가 방법과 평가 시기>

평가영역	평가 기준	평가 방법	평가 시기
교과학습목표	·국토의 의미를 알고 있는가?	·지필평가	·2차시【정리】단계
	·독도에 대해 설명할 수 있는가?	·포트폴리오	·2차시【활동 3】단계
창의·인성목표	·다양한 방법으로 독도안내카드를 만들 수 있는가?	·포트폴리오	·2차시【활동 3】단계
	·타인의 결과물을 공정하게 평가할 수 있는가?	·관찰법	·2차시【활동 3】단계

<평가 지침(사전 학생 제공 자료)>

평가 수준 / 평가 대상	잘함	보통	노력 필요함
국토의 의미 알기	·국토의 의미를 정확하게 설명하고 우리 국토의 범위를 말할 수 있다.	·국토의 의미를 알고 있으나 우리 국토의 범위를 정확하게 말하는 데 어려움이 있다.	·국토의 의미를 잘 알지 못한다.
독도 알기	·독도의 자연환경 및 인문환경 관련 안내를 능동적으로 할 수 있다.	·독도를 알고 있으나 능동적으로 설명하지 못한다.	·독도에 대해 알지 못한다.
독도 안내카드 만들기	·효과적인 방법을 사용하여 독도안내카드를 만들 수 있다.	·독도안내카드를 만들 수 있으나 내용이 부족하다.	·독도안내카드를 만들지 못한다.
동료평가를 통해 개방성, 다양성 기르기	·동료 평가를 통해 타인의 결과물을 인정할 수 있다.	·동료평가를 하나 명확한 기준이 없다.	·타인의 결과물의 가치를 인정하지 못한다.

2차시	독도 알아보기		

활동 주제	우리 섬 독도에 대하여 알아보기	차시	2/18 (40분)

학습 목표	교과·학습·목표	· 국토의 뜻을 알 수 있다. · 우리 섬 독도의 다양한 특징을 살피고 설명할 수 있다.
	창의·인성·목표	· 독도 관련 정보를 효과적으로 표현하여 유창성, 독창성을 기를 수 있다. · 독도안내카드 만들기를 통해 소유, 개방성을 가질 수 있다.

◆ 문제 파악 　　　　소요시간: 7분

■ 창의·인성요소
□ 학습전략

【동기유발】
독도 관련 영상 보여주기
－"삽살개, 독도지킴이의 하루" 보여주기

동영상을 보고 난 후 이야기 나누기
－독도 하면 떠오르는 생각 이야기해 보기
　· "우리 땅이다. 우리 영해 안에 있는 섬이니까 우리 섬이다" 등

> Tip!
> 무조건 우리 영토임을 주장하기보다 명확한 근거를 들어 논리적으로 주장할 수 있어야 함을 느낄 수 있도록 유도한다.

【학습문제 확인】
학습문제 생각하여 발표하기

> ♣ 우리 섬 독도에 대하여 알아봅시다.

학습 안내하기

> 【활동 1】 국토 알아보기
> 【활동 2】 독도 알아보기
> 【활동 3】 독도안내카드 만들기

■ 호기심
□ 독도연구소 영상자료 활용
(http://www.dokdohistory.com/)

■ 민감성

◆ 가설 설정 소요시간: 3분 ■ 창의 · 인성요소
□ 학습전략

| 【활동 1】 국토 알아보기
우리나라 영토의 범위 알아보기
−국토의 의미 알아보기
−영해, 영공, 영토 알아보기
−우리나라 영토의 범위 알아보기 | ■ 호기심
□ **활동지 1** |

소요시간: 10분 ■ 창의 · 인성요소
□ 학습전략

| 【활동 2】 독도 알아보기
독도의 물리적 특징 살펴보기
−행정구역상 독도
  ·경상북도 울릉군 울릉읍 독도리 1～96번지
−독도를 구성하는 섬
  ·동도와 서도로 구성되어 있다.
역사 속 독도 알아보기
−안용복 이야기 읽기
  ·조선의 어부, 독도가 조선의 영토임을 확인
−홍순칠 이야기 읽기
  ·독도의용수비대 조직
−독도 관련 설화 플래시 자료 살펴보기
  ·거산도 이야기
  ·구멍바위
  ·하늘로 간 용 | □ **어린이 사이버 독도 홈페이지 활용**
(http://www.dokdo.go.kr/html/kid/introduction.jsp)

□ **활동지 1** |

◆ 입증	소요시간: 15분	■ 창의·인성요소 □ 학습전략

【활동 3】 독도안내카드 만들기 **안내카드에 들어갈 내용 정하기** -독도 소개에 들어가야 할 내용 생각하기 -효과적인 표현 방법 정하기	■ 창의성, 다양성

> Tip!
> 개별 카드를 만들 수도 있고 모둠활동, 짝 활동으로 진행하여도 무관하다.

◆ 일반화	소요시간: 5분	■ 창의·인성요소 □ 창의사고기법

동료 평가하기 -독도안내카드를 효과적으로 나타낸 친구를 뽑고 칭찬하기 【정리】 **독도의 지리적 특징 정리하기** -행정구역상 경상북도 소속, 우리 영해인 동해 위의 섬 **차시 예고하기** -독도의 가치 알아보기	■ 소유, 개방성

활동지 1   우리 섬 독도이야기

◉ **국토란?**

_____

◉ **영해, 영공, 영토의 의미**

영해:

영공:

영토:

◉ **우리나라 영토의 범위**

(　　　　　)와 부속도서

◉ (　　　　　) 안에 알맞은 말을 쓰시오.

1. 독도의 주소는 (　　　　　　) 울릉군 울릉읍 1~91번지이다.

2. 독도는 (　　　)와 (　　　　) 2개의 섬으로 구성되어 있다.

3. (　　　　　)은 독도의용수비대를 조직하여 독도를 지켰다.

4. (　　　　　)는 조선시대에 살았던 울릉도 출신 어부로 독도가 조선의 영토임을 알리기 위하여 노력하였다.

사회과 독도 수업의 실제

우리 섬 독도이야기

1 단원명

단원 6-1	1. **우리 국토의 모습과 생활**(사회)

2 수업주제

　1단원에서는 '우리 국토의 위치와 영역', '기후와 우리 생활', '지형과 우리 생활', '우리나라의 산업과 교통', '우리나라의 인구'의 다섯 가지 주제를 통해 세계 속에서 우리나라의 위치와 영역을 확인하고, 국토의 자연환경과 교통, 자원과 산업, 문화, 인구와 취락 등의 인문환경에 관한 주요 사실과 특성을 파악하도록 하는 데 주안점을 두고 있다.

　이에 본 수업에서는 우리 국토의 위치와 영역을 지구본과 세계 지도를 활용하여 확인한 후 우리나라 국토의 위치가 지닌 장점과 영역의 특수성을 확인함으로써 국가 수준에서 우리나라에 대한 지역 인식의 기초를 형성하는 데 중점을 두었다.

3 주제선정의 이유

　이 단원에서는 우리나라에 관한 자연환경과 인문환경에 대해 학습하는 것에 주안점을 두고 있다. 우리나라의 자연환경을 학습함에 있어 영토, 영해, 영공 등 국토의 범위를 학습하게 되는데 이에 요즈음 이슈가 되고 있는 독도에 대해 자세히 알아보고 학습하는 활동을 통하여 감정적인 주장이 아닌 이성적인 국토관을 갖게 하고자 한다.

4 단원의 구성

1. 단원의 학습 구성

단원	주제	차시	주제별 주요 내용요소	차시별 학습 활동	교과서 쪽수
1. 우리 국토의 모습과 생활	단원도입	1		우리 국토의 모습과 잠재력 살펴보기	(교)6~9 (탐)6~7
	① 우리 국토의 위치와 영역	2	우리 국토의 모습과 위치, 영역	·우리 국토의 영역 이해하기 ·우리 섬 독도이야기(자연환경, 역사)	(교)10~15 (탐)8~11
		3		·우리 섬 독도이야기(독도의 가치)	(교)13~15 (탐)10~11
		4		·우리 섬 독도이야기(서로 다른 이야기)	(교)13~15 (탐)10~11
	② 기후와 우리 생활	5	우리 국토의 기후특징과 기후에 따른 생활모습	·우리나라의 위치와 기후 알아보기	(교)16~17 (탐)12~13
		6		·지역별 기온의 특징 알아보기	(교)18~19 (탐)14~15
		7		·지역별 강수의 특징 알아보기	(교)20~22 (탐)16~17
		8		·우리나라의 자연재해 알아보기	(교)23~25 (탐)18~19
	③ 지형과 우리 생활	9	우리나라의 지형적 특징과 지형에 따른 생활 모습	·지형에 따른 생활 모습 살펴보기	(교)26~28 (탐)20~23
		10		·동고서저의 지형적 특징 탐구하기 1	(교)29~31 (탐)24
		11		·동고서저의 지형적 특징 탐구하기 2	(교)32~33 (탐)24~25
	④ 우리나라의 산업과 교통	12	산업과 교통의 발달에 따른 지역의 변화 모습	·산업 구조의 변화와 지역 변화 알아보기	(교)34~36 (탐)26~27
		13		·우리나라의 공업 발달 과정과 주요 공업 지역 알아보기	(교)37~39 (탐)28~29
		14		·교통의 발달이 지역에 미치는 영향 알아보기	(교)40~43 (탐)30~31
	⑤ 우리나라의 인구	15	인구 분포의 지역적 특징과 인구 특징	·변화하는 인구 구성 알아보기	(교)44~46 (탐)32~33
		16		·우리나라 인구 분포의 지역적 특징 이해하기	(교)47~48 (탐)34~35
		17		·인구 변화와 사회 모습 변화 알아보기	(교)49~51 (탐)36~37
	단원정리	18		우리 국토의 모습을 다양한 방법으로 표현하기	(교)52~53 (탐)38~39

차시별 창의·인성요소

2009 개정 교육과정에서 강조하는 창의·인성 요소에는 다음과 같은 것들을 뽑을 수 있다.

차시	교수 학습 활동 내용	창의 요소	인성 요소
1	· 우리 국토의 모습과 잠재력 살펴보기	호기심	
2~4	· 우리 국토의 지리적 장점 이해하기 · 우리 국토의 영역 이해하기 · 우리 섬 독도이야기	호기심 민감성 유창성	개방성 소유 비판적 사고력
5~8	· 우리나라의 위치와 기후 알아보기 · 지역별 기온의 특징 알아보기 · 지역별 강수의 특징 알아보기 · 우리나라의 자연재해 알아보기	다양성 창의성	민감성
9~11	· 지형에 따른 생활 모습 살펴보기 · 동고서저의 지형적 특징 탐구하기 1 · 동고서저의 지형적 특징 탐구하기 2	다양성 호기심	민감성
12~14	· 산업구조의 변화와 지역 변화 알아보기 · 우리나라의 공업 발달 과정과 주요 공업 지역 알아보기 · 교통의 발달이 지역에 미치는 영향 알아보기	확산적 사고 다양성	소유
15~17	· 변화하는 인구 구성 알아보기 · 우리나라 인구 분포의 지역적 특징 이해하기 · 인구 변화와 사회 모습 변화 알아보기	확산적 사고 다양성	민감성
18	· 우리 국토의 모습을 다양한 방법으로 표현하기	다양성 창의성	소유

수업모형

1. 수업모형 선정 이유

탐구 학습은 학습자로 하여금 다양한 자료를 통하여 일반화 지식을 도출하게 하거나, 이미 생성된 지식의 타당성을 확인하는 능력을 기르기 위한 학습 방법이다. 탐구학습에서는 사회과학적 지식의 기본 개념이나 원리의 습득과 그러한 지식의 도출 과정인 연구 방법과 탐구 과정에 대한 학습을 중시한다. 일반적으로 탐구 학습의 강조점이 '사실 탐구'에 있지만 가치 탐구를 배제하는 것은 아니다.

이에 본시학습에서는 국토의 의미를 알고 이에 속하는 우리 섬 독도에 대해 스스로 탐구하는 활동을 실시한다. 스스로 독도에 대하여 탐구하고 알아보는 일련의 과정을 통하여 호기심, 정보처리능력 등을 키울 수 있을 뿐 아니라 시사적인 이슈에 관심을 갖는 민감성을 기를 수 있을 것이다.

2. 수업모형의 적용 절차

학습 단계	학습 요소	교수·학습 활동	창의·인성 요소 및 학습 전략
문제파악/ 가설설정	동기유발 학습 목표 확인	・동기유발 자료 확인 ・학습 목표 확인하기	・호기심, 민감성 ・뉴스 동영상 활용
탐색/입증	탐색하기	・독도의 다양한 가치 알아보기	・호기심, 민감성 ・정보처리능력
일반화	동료 평가	・자료 공유하기 ・동료 평가하기	・소유, 개방성

3. 사회과에서의 웹기반학습

웹을 기본으로 하는 ICT활용교육이 사회과에서 효과적인 이유를 다양한 연구결과를 살펴보면 확인할 수 있다.

첫 번째, ICT활용교육은 기본적으로 사회과 학습목표의 접근에 가장 유리한 조건을 제공해 준다. 사회과는 사회 현실과 매우 밀접한 교과로서 현실사회를 학습의 대상으로 하고 있다. ICT활용교육은 현실사회의 실제적인 사회문제들을 정보로 활용 가능하도록 해주기 때문에 사회과의 학습목표 접근에 가장 적합한 교수·학습의 매체가 될 수 있는 것이다.

두 번째, ICT활용교육은 사회과 학습에 있어서, 특히 학습자의 자기주도적 학습을 강화시켜 줄 수 있다. 인터넷이 가진 대표적 속성인 하이퍼텍스트는 학습자가 자신의 구성적 지식을 바탕으로 새로운 지식과 문제에 손쉽게 접근 가능하게 하여 학습자 스스로 문제를 구성하고, 이해하고, 분석하고 결론 내릴 수 있도록 도와줄 수 있다. 이는 학습자 중심의 교육과정이라고 하는 제7차 교육과정의 정신을 구현하는 데 유용한 도움을 줄 수 있음을 나타내는 것이다.

세 번째, ICT활용교육은 학습자의 협동학습을 가능하게 한다. 인터넷은 공간의 범위를 초월하는 장점뿐만 아니라 시간적 제약으로부터도 비교적 자유로울 수 있다. 자신의 의견을 제시하는 사람은 시간에 구애받지 않고 자신의 의견을 개진할 수 있으며, 이 의견을 청취하는 학습자도 자신이 선택한 편리한 시간에 다른 학습자의 의견을 청취할 수 있다. 때문에 현재 우리나라의 학교 현실에 비추어 볼 때 기존의 학교수업에서는 얻기 어려운 진정한 의미의 협동학습이 가능해질 수 있는 것이다.

네 번째, ICT활용교육은 협동학습을 가능하게 해 줌으로 해서 학습자 스스로 구성한 지식을 다양한 시각에서 검증할 수 있는 기회를 제공한다. 인터넷이 가진 특성 중 하나인 상호작용의 가능성은 학습자 스스로 구성한 지식이라 할지라도 동료 학습자나 특정 분야의 전문가들과의 상호작용을 통해서 학습자 스스로 구성한 지식을 스스로 검증하고 수정·보완할 수 있는 충분한 기회를 제공할 수 있다. 이 과정은 사회과에서 중시하는 의사결정 과정에 있어서 많은 대안들을 비교하고 분석하여 그중 하나를 선택하는 과정에 있어서 주관적 오류를 줄일 수 있는 기회를 제공해 주기 때문에 ICT활용교육은 사회과에서 유용한 수업방법이 될 수 있을 것이다.

다섯 번째, ICT활용교육은 풍부하고도 다양한 정보를 학습자에게 제공해 준다. 학습자는 자신이 원한다면 아직 가공되지도 않은 인공위성의 구름사진을 자신의 정보로 활용할 수도 있으며, 온라인으로 제공되는 엄청난 양의 박물관과 미술관의 자료들을 활용할 수도 있다. 즉, 학습자에게 제공되는 자료가 일차적인 가공을 거친 상태가 아닌 원천적 자료의 형태로 학습자에게 전달될 수 있다는 것이다. 이는 학습자의 창의적인 문제해결력 증진이라고 하는 제7차 교육과정의 정신을 구현하는 데 있어서 유용한 의미를 지니는 것이다.

4. 특성요인도

○ 특성요인도란 문제의 결과(특성)가 어떠한 원인(요인)으로 일어나는지 그 원인 관계를 살펴보고, 도식화(특성요인도)해서 문제점을 파악하고 해결을 생각하는 기법이다.

○ 주로 도식화한 모양이 물고기 뼈와 같다고 하여 물고기 뼈 그림이라고 불린다.

○ 특성(문제의 결과)에 영향을 주고 있다고 생각되는 요인을 큰 것부터 큰 뼈, 중간 뼈, 작은 뼈에 나누어 기입한다.

○ 기법의 전개 과정

1단계	특성(문제의 결과 정하기)

⇩

2단계	결과에 영향을 미치는 요인을 정함. 중요한 것은 큰 뼈의 위치에 그림.

⇩

3단계	중간 뼈, 작은 뼈를 추가

⇩

4단계	중점 요인 분석 누락 여부, 인과관계 확인 및 중요 요인에 ○표 하기

● 기법의 예

학습단원의 개요

단원명		1. 우리 국토의 모습과 생활	학기	1학기	
학습주제		우리 섬 독도에 대하여 알아보기	소요차시	사회	3차시
학습목표	교과 학습목표	・우리 섬 독도의 다양한 가치를 살피고 설명할 수 있다.			
	창의・ 인성목표	・시사적 이슈에 관심을 갖는 민감성을 기를 수 있다. ・타인의 결과물을 평가하고 인정하는 활동을 통해 개방성과 소유하는 마음을 기를 수 있다.			
창의・인성 요소		・창의요소: 호기심, 유창성, 민감성 ・인성요소: 소유, 개방성, 정보처리능력			
학습자료		・컴퓨터, 활동지			
유의사항		・주장에는 명확한 근거가 뒷받침되어야 함을 알 수 있도록 한다. ・더욱 효과적인 학습을 위해 동영상 및 플래시자료는 수정하여 사용할 수 있다.			

8 평가계획

<평가 방법과 평가 시기>

평가영역	평가 기준	평가 방법	평가 시기
교과학습목표	・독도의 다양한 가치에 대하여 설명할 수 있는가?	・포트폴리오	・3차시【활동 1】단계
창의・인성목표	・효과적인 방법으로 독도 관련 정보를 수집할 수 있는가?	・포트폴리오	・3차시【활동 1】단계
	・타인의 결과물을 인정하고 수용하는가?	・관찰법	・3차시【정리】단계

<평가 지침(사전 학생 제공 자료)>

평가 수준 평가 대상	잘함	보통	노력 필요함
독도의 가치	・독도의 자원적 가치, 위치적 가치를 알고 효과적으로 전 달할 수 있다.	・독도의 가치를 알고 있으나 명확하게 전달하지 못한다.	・독도의 가치에 대하여 알지 못한다.
독도 정보 수집	・독도의 가치와 관련된 정보 를 효과적으로 검색하고 처 리할 수 있다.	・독도 관련정보를 수집하나 효 과적인 검색을 하지 못한다.	・독도 관련정보를 검색하 지 못한다.
협동학습을 통해 개방성, 다양성 기르기	・결과물 공유를 통해 타인의 결과물을 인정할 수 있다.	・타인의 결과물에 관심이 있으 나 수용하지 않는다.	・타인의 결과물의 가치를 인정하지 못한다.

차시별 교수·학습 과정안

3차시	독도 알아보기

활동 주제		우리 섬 독도에 대하여 알아보기	차시	3/18 (40분)
학습 목표	교과·학습 목표	·독도의 자연환경을 알 수 있다. ·독도의 가치를 설명할 수 있다.		
	창의·인성 목표	·웹기반 학습을 통하여 정보처리능력을 기른다. ·협동학습을 통하여 서로가 알아낸 정보의 가치를 인정한다.		

◆ 문제 파악/가설설정　　　소요시간: 7분　　■창의·인성요소　□학습전략

	창의·인성요소 / 학습전략
【동기유발】 **독도 관련 영상 보여주기** −"동해/일본해 병기 표기" 뉴스 보여주기 **동영상을 보고 난 후 이야기 나누기** −동해와 독도에 대한 세계인의 생각 나누기 　·"관심 없을 것 같다. 일본 땅이라고 생각할 것 같다" 등 −독도가 우리 영토여야 하는 이유에 대한 생각 나누기 　·우리 땅이니까, 빼앗기는 건 나쁜 거니까, 동해를 지키기 　　위해서 등 Tip! 독도가 자기네 영토임을 주장하는 일본의 근거를 찾아보기 전에 우리가 독도를 지켜야 하는 이유를 알아보려는 마음 을 갖도록 유도한다.	■호기심 □독도연구소 영상자료 　활용
【학습문제 확인】 **학습문제 생각하여 발표하기** ♣ 우리 섬 독도의 다양한 가치를 찾아봅시다. **학습 안내하기** 【활동 1】독도의 자원 【활동 2】독도의 가치	■민감성

◆ 탐색/입증	소요시간: 15분	■ 창의·인성요소 □ 학습전략
【활동 1】 독도의 자원 탐구하기 **독도 자원 알아보기** －빼어난 독도의 어장(계절별 어종) －독도의 지하자원(천연가스, 석유매장 가능성) Tip! 모둠별로 주제를 나누어 컴퓨터 조사학습을 실시한다.		■ 호기심 ■ 정보처리능력 □ **활동지 1** (http://www.dokdo.go.kr)
	소요시간: 10분	■ 창의·인성요소 □ 학습전략
【활동 2】 독도의 가치 **독도의 물리적 특징 살펴보기** －행정구역상 독도 ·경상북도 울릉군 울릉읍 독도리 1~96번지 －독도를 구성하는 섬 ·동도와 서도로 구성되어 있다. **독도의 경제적 가치** －영해의 의미 알아보기 ·기선으로부터 12해리 －배타적 경제수역 의미 알아보기 ·독도기준 배타적 경제수역 확인하기 －대륙붕 의미 알아보기 ·독도 주변 해저지형 살펴보기 **독도의 지리적 가치** －독도의 군사적 가치 ·다른 나라 군사정보 수집(이동경로 수집) ·1905 '동해의 대해전'에서의 독도의 가치 확인		□ 사이버 독도 홈페이지 활용 (http://www.dokdo.go.kr) □ **활동지 1**

◆ 일반화   소요시간: 3분   ■ **창의 · 인성요소**
□ **학습전략**

조사내용 확인하기 －조사한 독도 자료 공유하기 **【정리】** **독도의 다양한 가치** －자원적 가치, 전략적 가치, 군사적 가치 등 **차시 예고하기** －우리가 찾는 우리 땅 독도	■ 소유

> Tip!
> 가치로운 독도가 우리 땅인 증거를 스스로 찾아보려는 마음
> 을 갖게 한다.

우리 섬 독도이야기–독도의 가치

독도의 여러 가치를 조사하고 조사한 내용을 물고기 뼈 그림으로 나타내 봅시다.

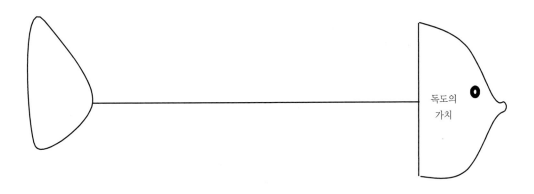

사회과 독도 수업의 실제

우리 섬 독도이야기

1 단원명

단원 6-1	1. 우리 국토의 모습과 생활(사회)

2 수업주제

1단원에서는 '우리 국토의 위치와 영역', '기후와 우리 생활', '지형과 우리 생활', '우리나라의 산업과 교통', '우리나라의 인구'의 다섯 가지 주제를 통해 세계 속에서 우리나라의 위치와 영역을 확인하고, 국토의 자연환경과 교통, 자원과 산업, 문화, 인구와 취락 등의 인문환경에 관한 주요 사실과 특성을 파악하도록 하는 데 주안점을 두고 있다.

이에 본 수업에서는 우리 국토의 위치와 영역을 지구본과 세계 지도를 활용하여 확인한 후 우리나라 국토의 위치가 지닌 장점과 영역의 특수성을 확인함으로써 국가 수준에서 우리나라에 대한 지역 인식의 기초를 형성하는 데 중점을 두었다.

3 주제선정의 이유

이 단원에서는 우리나라에 관한 자연환경과 인문환경에 대해 학습하는 것에 주안점을 두고 있다. 우리나라의 자연환경을 학습함에 있어 영토, 영해, 영공 등 국토의 범위를 학습하게 되는데 이에 요즈음 이슈가 되고 있는 독도에 대해 자세히 알아보고 학습하는 활동을 통하여 감정적인 주장이 아닌 이성적인 국토관을 갖게 하고자 한다.

4 단원의 구성

1. 단원의 학습 구성

단원	주제	차시	주제별 주요 내용요소	차시별 학습 활동	교과서 쪽수
1. 우리 국토의 모습과 생활	단원도입	1	우리 국토의 모습과 잠재력 살펴보기		(교)6~9 (탐)6~7
	① 우리 국토의 위치와 영역	2	우리 국토의 모습과 위치, 영역	·우리 국토의 영역 이해하기 ·우리 섬 독도이야기(자연환경, 역사)	(교)10~15 (탐)8~11
		3		·우리 섬 독도이야기(독도의 가치)	(교)13~15 (탐)10~11
		4		·우리 섬 독도이야기(서로 다른 이야기)	(교)13~15 (탐)10~11
	② 기후와 우리 생활	5	우리 국토의 기후특징과 기후에 따른 생활 모습	·우리나라의 위치와 기후 알아보기	(교)16~17 (탐)12~13
		6		·지역별 기온의 특징 알아보기	(교)18~19 (탐)14~15
		7		·지역별 강수의 특징 알아보기	(교)20~22 (탐)16~17
		8		·우리나라의 자연재해 알아보기	(교)23~25 (탐)18~19
	③ 지형과 우리 생활	9	우리나라의 지형적 특징과 지형에 따른 생활 모습	·지형에 따른 생활 모습 살펴보기	(교)26~28 (탐)20~23
		10		·동고서저의 지형적 특징 탐구하기 1	(교)29~31 (탐)24
		11		·동고서저의 지형적 특징 탐구하기 2	(교)32~33 (탐)24~25
	④ 우리나라의 산업과 교통	12	산업과 교통의 발달에 따른 지역의 변화 모습	·산업 구조의 변화와 지역 변화 알아보기	(교)34~36 (탐)26~27
		13		·우리나라의 공업 발달 과정과 주요 공업 지역 알아보기	(교)37~39 (탐)28~29
		14		·교통의 발달이 지역에 미치는 영향 알아보기	(교)40~43 (탐)30~31
	⑤ 우리나라의 인구	15	인구 분포의 지역적 특징과 인구 특징	·변화하는 인구 구성 알아보기	(교)44~46 (탐)32~33
		16		·우리나라 인구 분포의 지역적 특징 이해하기	(교)47~48 (탐)34~35
		17		·인구 변화와 사회 모습 변화 알아보기	(교)49~51 (탐)36~37
	단원정리	18	우리 국토의 모습을 다양한 방법으로 표현하기		(교)52~53 (탐)38~39

2009 개정 교육과정에서 강조하는 창의 · 인성 요소에는 다음과 같은 것들을 뽑을 수 있다.

차시	교수 학습 활동 내용	창의 요소	인성 요소
1	· 우리 국토의 모습과 잠재력 살펴보기	호기심	
2~4	· 우리 국토의 지리적 장점 이해하기 · 우리 국토의 영역 이해하기 · 우리 섬 독도이야기	호기심 민감성 유창성	개방성 소유 비판적 사고력
5~8	· 우리나라의 위치와 기후 알아보기 · 지역별 기온의 특징 알아보기 · 지역별 강수의 특징 알아보기 · 우리나라의 자연재해 알아보기	다양성 창의성	민감성
9~11	· 지형에 따른 생활 모습 살펴보기 · 동고서저의 지형적 특징 탐구하기 1 · 동고서저의 지형적 특징 탐구하기 2	다양성 호기심	민감성
12~14	· 산업구조의 변화와 지역 변화 알아보기 · 우리나라의 공업 발달 과정과 주요 공업 지역 알아보기 · 교통의 발달이 지역에 미치는 영향 알아보기	확산적 사고 다양성	소유
15~17	· 변화하는 인구 구성 알아보기 · 우리나라 인구 분포의 지역적 특징 이해하기 · 인구 변화와 사회 모습 변화 알아보기	확산적 사고 다양성	민감성
18	· 우리 국토의 모습을 다양한 방법으로 표현하기	다양성 창의성	소유

6   수업모형

1. 수업모형 선정 이유

탐구 학습은 학습자로 하여금 다양한 자료를 통하여 일반화 지식을 도출하게 하거나, 이미 생성된 지식의 타당성을 확인하는 능력을 기르기 위한 학습 방법이다. 탐구학습에서는 사회과학적 지식의 기본 개념이나 원리의 습득과 그러한 지식의 도출 과정인 연구 방법과 탐구 과정에 대한 학습을 중시한다. 일반적으로 탐구 학습의 강조점이 '사실 탐구'에 있지만 가치 탐구를 배제하는 것은 아니다.

이에 본시학습에서는 국토의 의미를 알고 이에 속하는 우리 섬 독도에 대해 스스로 탐구하는 활동을 실시한다. 스스로 독도에 대하여 탐구하고 알아보는 일련의 과정을 통하여 호기심, 정보처리능력 등을 키울 수 있을 뿐 아니라 시사적인 이슈에 관심을 갖는 민감성을 기를 수 있을 것이다.

2. 사회과에서의 웹기반 학습

웹을 기본으로 하는 ICT활용교육이 사회과에서 효과적인 이유를 다양한 연구결과를 살펴보면 확인할 수 있다.

첫 번째, ICT활용교육은 기본적으로 사회과 학습목표의 접근에 가장 유리한 조건을 제공해 준다. 사회과는 사회 현실과 매우 밀접한 교과로서 현실사회를 학습의 대상으로 하고 있다. ICT활용교육은 현실사회의 실제적인 사회문제들을 정보로 활용 가능하도록 해주기 때문에 사회과의 학습목표 접근에 가장 적합한 교수·학습의 매체가 될 수 있는 것이다.

두 번째, ICT활용교육은 사회과 학습에 있어서, 특히 학습자의 자기주도적 학습을 강화시켜 줄 수 있다. 인터넷이 가진 대표적 속성인 하이퍼텍스트는 학습자가 자신의 구성적 지식을 바탕으로 새로운 지식과 문제에 손쉽게 접근 가능하게 하여 학습자 스스로 문제를 구성하고, 이해하고, 분석하고 결론 내릴 수 있도록 도와줄 수 있다. 이는 학습자 중심의 교육과정이라고 하는 제7차 교육과정의 정신을 구현하는 데 유용한 도움을 줄 수 있음을 나타내는 것이다.

세 번째, ICT활용교육은 학습자의 협동학습을 가능하게 한다. 인터넷은 공간의 범위를 초월하는 장점뿐만 아니라 시간적 제약으로부터도 비교적 자유로울 수 있다. 자신의 의견을 제시하는 사람은 시간에 구애받지 않고 자신의 의견을 개진할 수 있으며, 이 의견을 청취하는 학습자도 자신이 선택한 편리한 시간에 다른 학습자의 의견을 청취할 수 있다. 때문에 현재 우리나라의 학교 현실에 비추어 볼 때 기존의 학교수업에서는 얻기 어려운 진정한 의미의 협동학습이 가능해질 수 있는 것이다.

네 번째, ICT활용교육은 협동학습을 가능하게 해 줌으로 해서 학습자 스스로 구성한 지식을 다양한 시각에서 검증할 수 있는 기회를 제공한다. 인터넷이 가진 특성 중 하나인 상호작용의 가능성은 학습자 스스로 구성한 지식이라 할지라도 동료 학습자나 특정 분야의 전문가들과의 상호작용을 통해서 학습자 스스로 구성한 지식을 스스로 검증하고 수정·보완할 수 있는 충분한 기회를 제공할 수 있다. 이 과정은 사회과에서 중시하는 의사결정 과정에 있어서 많은 대안들을 비교하고 분석하여 그중 하나를 선택하는 과정에 있어서 주관적 오류를 줄일 수 있는 기회를 제공해 주기 때문에 ICT활용교육은 사회과에서 유용한 수업방법이 될 수 있을 것이다.

다섯 번째, ICT활용교육은 풍부하고도 다양한 정보를 학습자에게 제공해 준다. 학습자는 자신이 원한다면 아직 가공되지도 않은 인공위성의 구름사진을 자신의 정보로 활용할 수도 있으며, 온라인으로 제공되는 엄청난 양의 박물관과 미술관의 자료들을 활용할 수도 있다. 즉, 학습자에게 제공되는 자료가 일차적인 가공을 거친 상태가 아닌 원천적 자료의 형태로 학습자에게 전달될 수 있다는 것이다. 이는 학습자의 창의적인 문제해결력 증진이라고 하는 제7차 교육과정의 정신을 구현하는 데 있어서 유용한 의미를 지니는 것이다.

3. 수업모형의 적용 절차

학습 단계	학습 요소	교수·학습 활동	창의·인성 요소 및 학습 전략
문제파악/ 가설설정	동기유발 학습 목표 확인	·동기유발 자료 확인 ·학습 목표 확인하기	·호기심 ·동영상 활용
탐색	탐색하기	·일본의 근거 분석하기 ·우리의 근거 찾아보기	·비판적 사고력 ·정보처리 능력
입증	독도 홍보자료 만들기	·독도 홍보자료 만들기	·유창성, 독창성 ·정보처리능력
공유하기	동료 평가	·동료 평가하기	·소유, 개방성

7 학습단원의 개요

단원명	1. 우리 국토의 모습과 생활		학기	1학기	
학습주제	우리 섬 독도에 대하여 알아보기		소요차시	사회	3차시
학습목표	교과학습목표	·역사 속 독도 관련 기록을 찾아볼 수 있다. ·독도가 우리의 영토인 근거를 찾아 이야기할 수 있다.			
	창의·인성목표	·상대의 근거를 분석적으로 판단할 수 있는 비판적 사고력을 기를 수 있다. ·타인의 결과물을 평가하고 인정하는 활동을 통해 개방성과 소유하는 마음을 기를 수 있다.			
창의·인성 요소		·창의요소: 호기심, 유창성, 민감성 ·인성요소: 소유, 개방성, 비판적 사고			
학습자료		·컴퓨터, 활동지, 상호평가지			
유의사항		·주장에는 명확한 근거가 뒷받침되어야 함을 알 수 있도록 한다. ·더욱 효과적인 학습을 위해 동영상, 인터넷 홈페이지 및 플래시자료는 수정하여 사용할 수 있다.			

8 평가계획

<평가 방법과 평가 시기>

평가영역	평가 기준	평가 방법	평가 시기
교과학습목표	·독도가 우리 영토인 근거를 말할 수 있는가?	·포트폴리오	·4차시【활동 2】단계
	·독도 홍보자료를 효과적으로 만들 수 있는가?	·포트폴리오	·4차시【활동 3】단계
창의·인성목표	·일본 측 주장의 근거를 논리적으로 비판할 수 있는가?	·포트폴리오	·4차시【활동 3】단계
	·타인의 결과물을 공정하게 평가할 수 있는가?	·관찰법	·4차시【정리】단계

<평가 지침(사전 학생 제공 자료)>

평가 수준 / 평가 대상	잘함	보통	노력 필요함
독도가 우리 영토인 이유 알기	·독도가 우리 영토인 근거를 효과적으로 설명할 수 있다.	·독도가 우리 영토임을 알고 있으나 효과적으로 설명하지 못한다.	·독도가 우리 영토임을 알고는 있다.
일본의 근거 반박하기	·일본 측 주장의 근거를 알고 이를 효과적으로 비판할 수 있다.	·일본 측 주장의 근거를 알고 있으나 적절한 비판을 하지 못한다.	·일본 측 주장의 근거를 잘 알지 못한다.
독도 홍보자료 만들기	·효과적인 방법을 사용하여 독도 홍보자료를 만들 수 있다.	·독도 홍보자료를 만들 수 있으나 내용이 부족하다.	·독도 홍보자료를 만들지 못한다.
동료평가를 통해 개방성, 다양성 기르기	·동료 평가를 통해 타인의 결과물을 인정할 수 있다.	·동료평가를 하나 명확한 기준이 없다.	·타인의 결과물의 가치를 인정하지 못한다.

차시별 교수·학습 과정안

4차시	독도 알아보기

활동 주제		우리 섬 독도에 대하여 알아보기	차시	4/18 (40분)
학습 목표	교과 학습목표	・독도가 우리 영토인 근거를 찾고 설명할 수 있다.		
	창의·인성 목표	・일본의 근거를 살펴보고 분석하여 비판적 사고력을 기를 수 있다.		

◆ 문제 파악 / 가설 설정

소요시간: 3분

■ 창의·인성요소
□ 학습전략

【동기유발】
독도 관련 영상 보여주기
－"독도광고" 보여주기
・뉴욕 거리 광고

동영상을 보고 난 후 이야기 나누기
－왜 독도가 우리 땅일까?
・"우리 땅이다. 우리 영해 안에 있는 섬이니까 우리 섬이다" 등

> Tip!
> 무조건 우리 영토임을 주장하기보다 명확한 근거를 들어 논리적으로 주장할 수 있어야 함을 느낄 수 있도록 유도한다.

【학습문제 확인】
학습문제 생각하여 발표하기

> ♣ 독도가 우리 영토인 이유를 알아봅시다.

학습 안내하기

> 【활동 1】 일본의 근거 찾아보기
> 【활동 2】 독도가 우리 영토인 근거 찾아보기
> 【활동 3】 우리가 할 수 있는 일

■ 호기심
□ **독도 광고 영상 활용**
(http://www.youtube.com/watch?v=jx9opIBCPKw)

■ 민감성

◆ 탐색/입증	소요시간: 10분	■ 창의 · 인성요소 □ 학습전략

【활동 1】 일본의 근거 찾아보기
일본이 독도영유권을 주장하는 근거 찾아보기
 -1618년 에도막부 도해허가 발급 근거
 -러일전쟁 중 시마네 현 고시(독도의 일본영토 편입기사)
 -샌프란시스코 강화조약(한국 영토 중독도 표기 빠짐)
일본의 근거 반박하기
 -1618년 에도막부 도해허가 발급 근거 → 도해면허(외국항
  해 허가서)
 -러일전쟁 중 시마네 현 고시(독도의 일본영토 편입기사)
 → 외교권 박탈 중 있었던 일
 -샌프란시스코 강화조약(한국 영토 중독도 표기 빠짐) →
  표기 누락이 일본영토라는 뜻은 아님.
		■ 호기심,정보처리능력 □ **국토해양부 우리 땅 독도
		홈페이지 활용, 활동지 1**

◆ 탐색	소요시간: 10분	■ 창의 · 인성요소 □ 학습전략

【활동 2】 우리의 근거 찾아보기
역사 속 독도
 -문헌 속 독도 찾기
  ·여러 외국 고지도 찾기
  ·우리 문헌 속 독도 확인하기
우리 정부의 입장 알아보기
 -역사적으로 명백한 우리의 영토
  ·외교적 교섭대상이 될 수 없음.
우리가 할 수 있는 일
 -독도가 우리 영토임을 알리기
  ·ucc 만들기, 신문자료 만들기, 노래 만들기 등
		□ 사이버 독도 홈페이지 활
		용, 활동지

◆ 입증 　　　　　　　　　　　소요시간: 15분 　|　■ **창의·인성요소**
　　　　　　　　　　　　　　　　　　　　　　　　□ **학습전략**

【활동 3】 독도 홍보자료 만들기	
독도 홍보자료 만들기	■ 창의성, 다양성
−효과적인 표현 방법 정하기	
−명확한 근거가 뒷받침되는 홍보자료 만들기(표어, 광고, 노래 등)	
Tip! 효과적인 표현방법을 정하여 간단한 독도 홍보자료를 만든다.	

◆ 일반화 　　　　　　　　　　소요시간: 2분 　|　■ **창의·인성요소**
　　　　　　　　　　　　　　　　　　　　　　　　□ **창의사고기법**

【정리】	
동료 평가하기	■ 소유, 개방성
−독도 홍보자료를 효과적으로 만든 친구를 뽑고 칭찬하기	
차시 예고하기	
−우리나라의 기후 알아보기	

| 활동 1 | 우리 섬 독도이야기 – 서로 다른 이야기 |

| 일본의 근거 | 우리의 근거 |

영어과 독도 수업의 실제

> Where is Dokdo?

1 단원명

단원 4-2	Lesson 7. Where is Butterfle?

2 수업주제

본래 이 단원에서는 물건들의 위치에 대해 묻고 답하는 대화를 통해 일상생활에서 자연스럽게 말할 수 있도록 하는 데 목적이 있다. 특히 in, on, under, next to 등의 위치를 나타내는 낱말을 이해하여, 사물의 위치에 대한 정보를 얻고 그림을 보고 위치를 나타내는 낱말을 읽고 쓸 수 있도록 구성되어 있다(Happy house 4학년 영어 교재).

위와 같은 단원의 구성을 고려하여, 본 수업에서는 독도의 위치를 문장으로 만들어 보는 활동 등을 통해 위치에 관해 묻고 답하는 연습을 함과 동시에 독도의 지리적 위치에 대한 정보를 얻도록 하였다.

3 주제선정의 이유

이 단원에서는 사물의 위치에 대해 묻고 답하는 말을 듣고 이해하며, 위치를 나타내는 낱말과 어구를 읽고 쓰는 것을 목표로 삼고 있다. 이러한 단원 목표를 응용하여 독도의 지리적 위치를 영어로 표현하는 방법을 알아보고, 습득한 지식을 외국 사람들에게 영어로 알리는 활동을 해 봄으로써, 실질적인 영어 사용의 예를 체험하고 영어학습에 대한 좋은 동기부여의 기회가 될 것이다. 또한, 일본에서 발행한 독도 관련 왜곡된 자료를 학생들이 실질적으로 반박해 보면서, 학생들 개개인이 올바른 역사인식을 가지고 논리적으로 독도문제를 풀어갈 수 있는 역량을 기를 것으로 기대한다.

단원의 구성

1. 학습의 계열

본 단원	후속 학습 1	후속 학습 2
·4-2-7. Where is Butterfle? －물건의 위치에 대해 묻고 답하기	·5-1-4. Where is the ball? －물건의 위치에 대해 묻고 답하는 표현 익히기	·6-1-2. Where is anna's doughnut shop? －길을 안내하는 표현을 듣고 대답하기

2. 단원의 학습 구성

단원	성취기준	차시	학습 단계	학습 활동	교과서 쪽수
Lesson 7. Where is Butterfle?	사물의 위치에 대해 묻고 답하는 말을 듣고 이해한다.	1	Look and listen 1 Listen and say 1 Let's chant	·CD-ROM 보며 듣기 ·위치에 대해 묻고 답하는 말을 듣고 따라 말하기 ·"Where is my cat?" 찬트 부르기	80~83
		2	Look and listen 2 Listen and say 2 Let's play	·CD-ROM 보며 듣기 ·위치에 대해 묻고 답하는 말을 듣고 대답하기 ·동작 보고 알아맞히기 놀이하기	84~85
	사물의 위치를 나타내는 어구를 이해하며, 해당 낱말을 쓸 수 있다.	3	Say and act Let's read/write	·역할놀이 하기 ·어구 읽기, 낱말 쓰기	86~87
		4	Let's read/write Storytelling	·독도의 위치에 대한 문장 만들기 ·독도 홍보자료 만들기	88~89
		5	Do it yourself Let's go with Butterfle.	·그림에 알맞은 어구를 완성하여 읽기 ·그림 보고 대화 완성하기 ·독도에 대해 더 알아보기	90~91

3. 의사소통 기능

의사소통 기능	Where is Butterfle?	He is in ~. It is next to ~.
언어 규칙	Where is ~? It is (in, on, under, next to) ~.	

5 차시별 창의·인성요소

수업 관련 창의·인성 요소에는 다음과 같은 것들을 뽑을 수 있다.

차시	교수 학습 활동 내용	창의 요소	인성 요소
1	· 위치에 대해 묻고 답하는 말을 듣고 따라 말하기 · "Where is my cat?" 찬트 부르기	감수성	책임 약속
2	· 위치에 대해 묻고 답하는 말을 듣고 대답하기 · 동작 보고 알아맞히기 놀이하기	문제해결력	배려
3	· 역할놀이 하기 · 어구 읽기, 낱말 쓰기	확산적 사고	약속
4	· 독도의 위치에 대한 문장 만들기 · 독도 홍보자료 만들기	확산적 사고 자율성 호기심	도덕적 판단력
5	· 그림에 알맞은 어구를 완성하여 읽기 · 그림 보고 대화 완성하기 · 독도에 대해 더 알아보기	다양성	도덕적 예민성

6 수업모형

1. 수업모형 선정 이유

영어 수업을 진행하면서 가장 어려운 것 중의 한 가지가 영어 공부를 하여야 한다는 동기유발 부분이다. 영어를 수업시간에 공부하여도 정작 한마디도 사용해 볼 수 없는 환경상의 한계로 인해 영어수업의 효과가 떨어질 뿐만 아니라, 학생들도 영어 공부에 대한 필요성을 잘 느끼지 못하고 있는 것이다. 이러한 한계를 극복하기 위한 방법으로 학생들이 관심을 가지고 있는 사회, 과학 등의 내용을 수업에 접목하여 학생들의 호기심을 이끌어 내는 것이 효과적이라고 생각되었고, 이러한 수업방법으로 Content-Based Instruction을 도입하였다.

CBI 수업에 도입할 수업소재로는 학생들이 관심을 가지고 있는 모든 분야가 될 것이며, 특히 일본의 독도 영유권 주장은 전 사회적으로 이슈가 되고 있을 뿐만 아니라 학생들도 충분히 문제의식을 가지고 있는 부분이다. 그러므로 독도를 소재로 한 수업을 구성하면서, 단원에서 습득해야 할 표현을 접목시킨다면 학생들의 흥미를 불러일으킬 뿐만 아니라, 자율성, 도덕적 판단력 등의 창의인성 분야를 자극할 수 있을 것이다.

2. Content-Based Instruction

1) 내용중심교수법이란?

우리나라와 같은 EFL 환경의 상황적 제약 속에서 실제적 의미의 의사소통능력 향상을 위하여 다양한 측면에서 보다 강화된 새로운 영어교육 프로그램 중 하나로, 언어학습과 내용학습을 통합하여 교과과목의 내용과 외국어 기술을 동시에 가르치는 접근법을 지칭한다.

다시 말하면, 목표언어를 습득함과 동시에 교과의 내용을 함께 습득하는 통합적 교수법으로, 학생이 관심을 가지고 있는 분야의 과목을 영어로 가르치면서 언어습득과 내용습득의 두 가지를 함께 얻는 것이다.

이 교수법의 특징 중 하나는, 의사소통 중심의 유의미 학습원리를 따르고 있다는 것으로, 만약 영어로 사회를 가르친다면 학생은 영어 표현에 초점을 맞추는 것이 아니라 사회 지식을 얻는 것에 초점을 맞춤으로써 영어를 수단으로 사용하게 되는 것이다.

또한, 이 교수법은 학습자의 내적 동기를 충분히 발현시켜 주는 특징이 있어, 높은 학습효과를 얻을 수 있는 특징이 있다.

2) 기존 외국어 교수법과 내용중심 교수법의 차이

▲ 기존 외국어 교수법

> 내용학습과 언어학습을 인위적으로 분리

> 언어학습이 이루어진 후에야 내용학습이 가능한 것으로 인식

→ 기존 외국어 교수법은 내용학습과 언어학습을 분리된 것으로 생각하여 내용학습을 위해서는 언어학습이 선행되어야 한다고 생각하여 언어 자체에 대한 학습을 강조하였다.

▲ 내용중심 언어교육

언어를 정보 전달의 수단으로 이용하여 유의미한 특정 과목을 학습

외국어 능력 함양 및 교과 지식 습득의 두 가지 목적을 수행

→ 내용중심 언어교육은 영어의 언어적 기능에 주목하여 학생에게 유의미한 과목을 학습하는 수단으로 영어를 사용함으로써, 교과 지식을 습득함과 동시에 목표 언어를 습득하도록 하였다.

7 학습단원의 개요

단원명	Lesson 7. Where is Butterfle?		학기	2학기	
학습주제	사물의 위치에 대해 묻고 답하기		소요차시	영어	5차시
학습목표	교과학습목표	·사물의 위치에 대해 묻고 답하는 말을 할 수 있다. ·독도의 위치를 나타내는 문장으로 팸플릿을 만들어 설명할 수 있다.			
	창의·인성목표	·동작 보고 알아맞히기 놀이를 통해 문제해결력을 기를 수 있다. ·독도의 위치에 대한 문장과 팸플릿을 만들면서 확산적 사고와 자율성을 기를 수 있다. ·독도에 대해 알아보면서 도덕적 판단력과 호기심을 기를 수 있다.			
창의·인성 요소		·창의요소: 감수성, 문제해결력, 확산적 사고, 자율성, 호기심, 다양성 ·인성요소: 책임, 약속, 배려, 도덕적 판단력, 도덕적 예민성			
학습자료		·찬트, 역할놀이 대본, 단어 조각, 독도 자료, 대화 완성 그림			
유의사항		·핵심표현을 분명하게 가르쳐 주고, 게임 등을 통해 반복 연습할 수 있도록 유도한다. ·기본 표현을 바탕으로 새로운 문장을 만들 수 있도록, 다양한 재료를 제공하여 확산적인 사고를 할 수 있도록 한다. ·학생들이 호기심을 가지고 스스로 문제를 해결할 수 있는 소재를 제공하여 자율적인 학습이 되도록 한다.			

8

평가계획

평가영역	평가 기준	평가 방법	평가 시기
교과학습목표	·사물의 위치에 대해 묻고 답할 수 있는가?	게임 활동	2차시
	·독도의 위치를 나타내는 팸플릿을 만들어 설명할 수 있는가?	팸플릿 소개	4차시
창의·인성목표	·동작 보고 알아맞히기 놀이에서 문제를 해결할 수 있는가?	게임 활동	2차시
	·독도의 위치에 대한 문장과 팸플릿을 자율적으로 만드는가?	팸플릿 제작	4차시
	·독도에 대해 적극적으로 알고 싶어 하는가?	조사활동	5차시

9

차시별 교수·학습 과정안

4차시   일본의 독도 관련 주장을 반박하는 팸플릿 제작

활동 주제		(일본의 주장을 반박하는) 독도의 위치를 나타내는 문장으로 팸플릿을 만들어 설명하기	차시	4/5 (40분)
학습 목표	교과 학습목표	·독도의 위치를 나타내는 문장을 만들 수 있다. ·일본의 주장을 반박하는 팸플릿을 제작하여 설명할 수 있다.		
	창의·인성 목표	·독도의 위치를 나타내는 문장을 구성하면서 확산적 사고력을 기르고, 동기부여를 통해 자율성을 기를 수 있다. ·일본의 주장을 반박하면서 도덕적 판단력을 신장시킨다.		

■ **창의 · 인성요소**
□ Materials

【Motivation】

Look at Japanese's insistence

−Take a look at Japan's actions and thinking

■ **호기심**
□ Movie, Pamphlet

> Tip!
> · "Ministry of Foreign Affairs of Japan" 웹사이트 등에서 "10 Issues of Takeshima" 팸플릿을 통해 일본의 주장을 알 수 있음.
> · 지식채널e에서 독도 관련 영상을 구할 수 있음.

■ **확산적 사고**

−Take a close look at the second issue of "10 Issues of Takeshima"(It says that there is no evidence that the ROK has long recognized the existence of Takeshima.)

Present students' thinking about it

−Tell us what you think about the movie and the pamphlet
  · 거짓말이다.
  · 독도는 우리 땅인데, 왜 계속 우기는지 모르겠다.

◆ Introduction

소요시간: 1분

■ **창의 · 인성요소**
□ Materials

【Objective】

Objective

> ♣ 독도의 위치를 나타내는 문장으로 팸플릿을 만들 수 있다.

Activities

> 【Activity 1】 울릉도에 사는 친구에게 독도의 위치 알아보기
> 【Activity 2】 일본의 주장이 거짓인 이유를 문장으로 만들어 보기
> 【Activity 3】 독도 아이템 획득 퀴즈
> 【Activity 4】 팸플릿을 제작하여 설명하기

◆ Development　　　　　　　　　소요시간: 4분	■ 창의 · 인성요소
	□ Materials

【Activity 1】 울릉도에 사는 친구에게 독도의 위치 알아보기 **Think about the second issue of "10 Issues of Takeshima"** —It says that Korea didn't know about Dokdo a long time ago. **Explicit evidence** —Check the location of Dokdo on a map showing the distance of Dokdo from Ulleungdo and from Japan's islands. 　Dokdo is much closer to Ulleungdo. —Call friends who are living in Ulleungdo. 　· A girl says that "저는 울릉도에 살고 있어요. 독도는 울릉도 옆에 있어요. 그리고 울릉도에서는 독도가 보여요. 그러니까 과거에 우리가 독도를 몰랐다는 일본의 말은 거짓이에요." 　· A native English teacher says the same words with the girl in English.	 □ Map □ Movie clip ■ 확산적 사고

◆ Development　　　　　　　　　소요시간: 15분	■ 창의 · 인성요소
	□ Materials

【Activity 2】 일본의 주장이 거짓인 이유를 문장으로 만들어 보기 **Make sentences with some word fragments (Working Individually)** —Make some sentences explaining why the second issue of "10 Issues of Takeshima" is a lie. 　· Dokdo is next to Ulleungdo, we can see Dokdo, Dokdo is close to Ulleungdo, Dokdo is not close to Oki island, etc. **Choose sentences with group members (Working in Group)** —Collect different sentences from group members. —See how the others made sentences in groups. **Present the sentences** —One representative from each group presents their sentences. —See how the other students in the class made sentences.	□ word fragments, paper ■ 확산적 사고

【Activity 3】 독도 아이템 획득 퀴즈 **Team quiz** -Students can solve the problems using O, X filling in the blank quizzes in groups, students can discuss the answer with their team members. -The quizzes are based on the Dokdo lecture and common knowledge about Dokdo. -The team which gets correct answers will get pictures about Dokdo and they will use these pictures to decorate a Dokdo pamphlet. ┌─────────────────────────────┐ Quiz examples -Dokdo is in Japan. (O, X) -We can ( ) Dokdo from Ulleungdo. (Filling blank) └─────────────────────────────┘	□ Boards, Markers, Broken Dokdo pictures ■ 호기심

◆ Development   소요시간: 14분   ■ 창의·인성요소 / □ Materials

【Activity 4】 팸플릿을 제작하여 설명하기 **Making a pamphlet** -Students can make a pamphlet with the Dokdo pictures and sentences they made. (Group activity) **Present the pamphlet** -Group members will present their own pamphlet by taking turns sharing about their pamphlet.	□ Drawing paper ■ 도덕적 판단력 ■ 자율성

◆ Closing   소요시간: 2분   ■ 창의·인성요소 / □ Materials

Making a promise -Students promise that they will protect Dokdo. -Students can get a pamphlet which is made by the Korean Goverment to get a lesson about Dokdo. 【Wrap up】 **Tell what they will learn for the next class** -We will practice using expressions and study more about Dokdo.	■ Dokdo pamphlet □ 자율성

일본이 발행한 팸플릿 살펴보기

◉ 일본이 발행한 팸플릿을 살펴봅시다.

일본의 주장 중에 2번을 보면 "한국은 과거에 독도의 존재를 몰랐다"라는 말이 나옵니다. 이것에 대해 어떻게 생각하세요?

독도 퀴즈

◉ Quizzes related to Dokdo.

◆ O, X quiz

1. Dokdo is in Japan. (X)

2. Dokdo is next to Oki island. (X)

3. Dokdo is next to Ulleungdo. (O)

4. We can see Dokdo at Ulleungdo. (O)

5. We knew where Dokdo was a long time ago. (O)

6. Dokdo is in Ulleungdo. (X)

7. Dokdo is close to Jejudo. (X)

8. Nobody lives in Dokdo. (X)

9. Dokdo consists of only two islands. (X, 89 islands)

10. Dokdo has a zip code. (O, 799-805)

11. Dokdo is in Kangwon province. (X, Kyoungsang province)

12. We can go fishing in Dokdo. (X, nature reserve area)

13. Dokdo was our land since AD 512. (O, Since 신라 ruled 우산국)

14. Seo-do is bigger than Dong-do. (O, 서도 88,740㎡, 동도 73,297㎡)

◆Writing quiz

1. Dokdo is (next) to Ulleungdo.

2. How can we write "독도는 어디 있니?" in English?

ㅡWhere is Dokdo?

3. There are (two) big islands in Dokdo.

4. How can we write "독도에 가자." in English?

ㅡLet's go to Dokdo.

5. We can (see) Dokdo at Ulleungdo.

Word fragments

Dokdo	is	next	to	Ulleungdo

We	can	see	Dokdo	at

Ulleungdo	Japanese	are	lying	Where

is	Dokdo	We	knew	where

Dokdo	is	They	say	we

didn't	know	where	Dokdo	was

Dokdo	is	our	land	territory

Dokdo	is	not	in	Japan

Dokdo	is	not	Japan's	island

Dokdo	is	ours	island	Korea's

※ 반복되는 단어는 한 번만 제시하고, 학생들은 하나의 단어를 여러 번 사용할 수 있음.
  학생의 수준에 따라 제시 단어 수 조정

<부록>
독도 관련 웹사이트 및 도서

1. 독도교육 관련 웹사이트

1) 독도연구소(http://www.dokdohistory.com)

  독도연구소(http://www.dokdohistory.com)는 독도 문제에 대한 장기적이고 종합적인 연구·분석과 전략·정책 대안의 개발 및 대정부 정책건의를 목적으로 만들어진 연구소이며 동해와 독도 표기 관련 체계적 오류시정 활동을 활발하게 벌이고 있다. 독도문제에 대한 종합적, 체계적 대응방안을 수립하고 독도 관련 중장기 종합 대응전략 개발 및 정책 건의활동을 중심으로 국내외 유관기관 협력체제를 구축하고 있는 단체이다.

  영토·영해 관련 조사연구사업 및 독도 영유권 주장을 뒷받침할 관련 사료 및 자료를 수집·분석하고 있으며 독도 및 동북아 영토·영해 문제 관련 자료 수집 및 심층 분석과 국제사법재판소 판례 및 국제협약 관련 자료 심층 분석의 활동도 함께 진행하고 있다.

  독도연구소 홈페이지는 연구소 소개, 연구마당, 교육&홍보자료, 공지사항 및 언론 소식, 참여 마당으로 이루어져 있으며 그중 연구마당과 교육 및 홍보자료 난을 이용하여 독도교육 자료로 활용할 수 있다.

  연구마당은 古지도, 古사료, 법률자료, 학술간행물, 학술논문으로 구성되어 있으며 독도에 관한 각종 학술간행물과 학술논문, 고지도 및 고서 자료 등을 제한 없이 열람하고 다운로드할 수 있어 독도에 관한 전문적 지식과 법률 등을 익힐 수 있다. 또한 각종 연구 보고서를 통해 독도에 관한 주장과 지식에 대해 폭넓게 접근할 수 있다.

  교육&홍보마당은 동영상 강좌, 내가 만든 독도 수업자료(준비 중), 3D 독도기행, 온라

<독도연구소 홈페이지>

인 지도, 독도갤러리, 독도홍보물, 독도전시회 등의 콘텐츠로 구성되어 있으며 각종 독도 이미지 파일이나 교육자료 등이 탑재되어 교육 자료로 풍부하게 이용할 수 있다.

참여마당은 독도지킴이 거점 학교, 독도지킴이 단체 등이 링크되어 있으며 이곳을 통하여 독도지킴이 학교 등을 신청할 수 있고, 다양한 체험 활동을 진행할 수 있다. 현재 20개 정도의 학교, 단체가 등록되어 있으며 다양한 활동을 진행하고 있다. 또한 독도이야기 난에는 여러 학교나 단체에서 만든 교육용 자료 및 학생 작품 등이 등록되어 있어 역시 독도교육 자료로 이용 가능하다.

2) 사이버 독도(http://www.dokdo.go.kr)

독도는 행정구역상 경상북도에 편입되어 있는 곳이므로 독도 관련 자료는 경상북도청이나 경상북도 교육청에서 운영하는 곳이 많다. 경상북도는 독도 관련 자료나 주장을 비

<사이버 독도 홈페이지>

교적 구체적이고 체계적인 형태로 정리해 놓아 이용에 편리하도록 운영하고 있다. 사이버 독도(http://www.dokdo.go.kr) 홈페이지는 경상북도청 독도정책과에서 운영하는 웹사이트로서 독도의 각종 생태자료, 역사자료, 학습자료 등을 탑재하고 있다. 특히, 독도의 생태에 관한 자료가 풍부한 것이 특징인데 영상자료나 각종 플래시 자료를 통해 이를 체계적으로 잘 정리해 놓고 있어 독도교육 자료로 이용하기 편리하다. 또한, 독도 캐릭터를 개발하여 아동들이 보다 독도에 친숙할 수 있도록 노력하고 있는 것이 특징이다.

우리 독도 난에는 독도에 관한 소개, 현재 독도에 거주하고 있는 우리 국민의 생활에 대한 이야기, 독도 캐릭터, 우리 역사에서 가지는 독도의 가치 등이 탑재되어 있다. 기존의 역사적 고증 위주의 독도 소개에서 탈피하여 독도에서의 생활 등 새로운 내용들을 중심으로 흥미를 끌고 있는 것이 특징이다.

역사관은 독도 연표, 독도의 지명, 독도에 얽힌 역사적 인물, 독도가 우리 영토임을 알리는 역사적 근거 등이 소개되어 있다. 특히, 독도에 관한 설화가 플래시 애니메이션으로 탑재되어 있는데 초등학생에게 소개하고 이에 관련한 이야기들을 수업에 활용한다면 귀중한 동기유발 자료나 수업으로 이용될 수 있다.

자연관은 독도의 경관이 다양한 jpg자료로 탑재되어 있고, 독도 주변의 해양, 독도의 동물, 식물 등 독도의 생태에 관한 많은 사진자료를 제공하고 있다.

학습관은 고지도, 고문서, 독도에 관한 퀴즈와 학습 자료실, 영상 자료실 등으로 구성되어 있다. 학습 자료실은 독도 주민 생활사(영문, 국문), 독도 리플릿, 안용복 선생 리플릿 등의 자료가 탑재되어 있으며 독도 관련 수업에서 다양하게 활용될 수 있다. 또한 독도 관련 퀴즈를 통해 독도 수업에 대한 간단한 평가도 진행할 수 있도록 구성되어 있다.

독도광장에는 독도 응원하기, 독도에 관한 UCC, 사이버 독도 마을 등이 탑재되어 있다. 특히 사이버 독도마을은 가상의 공간에서 독도에 관한 생활 체험이 가능하도록 구성되어 있어 독도가 우리 국민이 살고 있는 실제 우리 영토임을 실질적으로 느낄 수 있도록 구성되어 있는 것이 특징이다.

3) 그 외 웹사이트

위에서 소개한 웹사이트 이외에도 교육 자료로 활용될 수 있는 많은 누리집이 있다. 독도에 관해 소개하고 있는 여러 사이트를 소개하면 다음과 같다.

웹사이트 이름	사이트 주소	사이트의 주된 내용	만든 곳	비고
사이버 독도	http://www.dokdo.go.kr	독도 관련 전체 내용	경상북도청/독도지킴이	웹
어린이 사이버독도	http://www.dokdo.go.kr/kor/pages/kid_dokdo/index.html	어린이 독도생활, 환경, 게임	경상북도청	〃
독도 바다 지킴이	http://dokdo.kcg.go.kr/	독도 자료, 항일쟁점, 언론자료	해양 경찰청	〃
독도	http://www.ulleung.go.kr	독도 전반적 자료	울릉군청	〃
독도경비대	http://dokdo.gbpolice.go.kr/	독도 탐구, 독도 역사	경북지방경찰청	〃
독도박물관	http://www.dokdomuseum.go.kr	지리 생태, 역사 민속, 영상 자료	울릉군청	〃
한국 해양 연구원	http://www.kordi.re.kr	독도 관련 해양 연구자료 등	해양연구원	〃
사이버 독도 역사관	http://www.dokdohistory.com	독도역사관, 독도기행	포항제철서초등학교	〃
사이버독도 닷컴	http://www.cybertokdo.com	자연환경, 사이버 방송국 등	사이버독도닷컴	〃
독도 역사 찾기	http://www.dokdocenter.org/	독도 문화, 독도 학습 자료 등	독도역사찾기운동본부	〃
독도해양영토연구센터	http://www.ilovedokdo.re.kr/	독도 해양 연구자원 안내	독도해양영토연구센터	〃
독도 종합정보시스템	http://www.dokdo.re.kr/	독도에 관한 상식에서 지식까지	독도종합 시스템	〃

2. 독도 관련 도서

1) 『우리 땅 독도』(이충호 외 공저, 두산동아) – 고학년 용

경상북도 교육감 인정도서로 많은 학교에서 독도 관련 교육 자료로 이용한 도서이다. 분쟁지역으로서 우리 땅임을 알리는 주장의 역할을 했던 기존의 독도 도서 한계를 넘어 독도가 가진 역사적, 생태적, 생활문화사적 측면이 모두 담긴 도서라 할 수 있다.

신비의 섬 독도 단원에서는 독도의 위치와 독도의 탄생, 독도의 모습과 독도의 기후, 독도에 살고 있는 각종 동물과 식물 등의 생태, 독도 주변의 해양 생물과 생태 등에 대해 자세하고 구체적으로 다루고 있다.

역사 속의 독도 단원에서는 역사 속에서 이름 붙여진 독도의 여러 명칭과 우리 영토로서 신라에서부터 구한말에 이르기까지 독도에 관련된 역사적 사실, 독도를 지키기 위해 노력한 역사 속의 인물 등에 대해 소개하고 있다. 각각의 단원마다 학습 내용에 대한 적절한 퀴즈나 문제 등을 실어 실감나게 구성된 것이 특징이라 할 수 있다.

한두 사람이 쓴 책이 아니라 독도와 주변 해양에 관한 전문가, 현장 선생님들이 직접 참여하여 비교적 쉽고 재미있으면서도 구체적이고 사실적으로 집필된 것이 특징이다. 또한 사회 과목과 연계해서 학습할 수 있도록 독도뿐만 아니라 울릉도, 동해에 관한 내용을 함께 다루고 있으며 학교에서 실시하는 독도 관련 교육과정 운영과 연계해서 유용하게 쓰일 수 있도록 구성되어 있다.

2) 『나는 독도에서 태어났어요』(한정아 저, 김세진 역, 마루벌) – 저학년 용

독도에 관련된 기존의 책들은 독도의 생태와 역사, 생활문화, 일본과의 분쟁 속에서 독도가 우리 영토임을 알리는 이야기 등 설명 위주의 구성으로 되어 있다는 특징이 있다. 이는 독도가 우리 고유의 영토임을 어느 정도 인식하고 주변의 보도 등을 통해 어느 정도 익숙함을 느끼는 고학년에게는 적당한 자료일지 몰라도 초등학교 저학년 학생들에게는 활용 정도가 낮다는 아쉬움을 지니고 있는 것이 사실이다.

『나는 독도에서 태어났어요』(한정아 저)는 아직 발달 정도가 낮고 독도에 관한 기본적 인식이 부족한 저학년 학생들에게 적당한 책으로 독도에 누가 사는지, 무엇이 자라고, 계절과 날씨에 따라 어떤 모습을 띠는지 알기 쉽게 설명해 주는 그림책의 구성을 띠고 있다. 저자는 이 책에서 아름다운 독도의 자연을 소개하고 있는데 저학년 학생들에게 친숙한 그림책을 통해서 자연스럽게 독도에 관한 정보와 친숙함, 그리고 우리 땅 독도에 대한 사랑을 품게 하고 있다. 독도에서 태어난 괭이갈매기가 계절이 지나면서 어른 갈매

기로 성장하는 이야기와 괭이갈매기의 집 독도에 관한 이야기가 아이들의 수준에 맞게 어우러져 있다. 독도의 자연 이야기뿐만 아니라 비가 오고, 일출이 시작되고, 저녁이 되어 어스름해지는 모습, 한밤중의 독도의 외로운 모습을 통해서 아름다운 우리 독도와 주변 자연의 색감을 느낄 수 있다.

또한 뒤쪽 정보페이지에는 독도의 역사, 자연환경, 사람들, 자원, 동식물, 우표 등 관련된 많은 정보들을 한눈에 쏙 들어오도록 잘 정리해 놓은 것이 특징이다.

3. 기타 독도 관련 교육 자료

위에서 소개한 웹사이트나 독도 관련 도서 이외에도 수많은 독도 관련 자료가 존재한다. 여기서는 여러 도서 및 자료 중 경상북도 교육청에서 선별한 몇 가지 자료에 대해 소개하고자 한다.

구분	자료명	제작처	내용	학습 가능한 곳	비고
책자	독도를 아십니까?	경상북도교육연구원	사회과 학습 자료(독도)	경상북도 교육청 홈페이지 / 초등교육과 / 자료실 / 648번 / 전자 도서 제작 탑재·교육넷 / 사이버 장학실 / 웹 개발 자료 / 6번	웹북
〃	우리 땅 독도	(주)두산	독도의 환경 및 역사	경상북도교육감 인정도서 2006-001(2006.07.05.)	책자
〃	초·중·고 독도학습 지도서 해 돋는 섬 독도	교육인적자원부 및 한국교육과정평가원 (2003)	독도의 교수-학습 자료 일본과의 관계 등 관련자료	도교육청 홈페이지 / 초등교육과 / 자료실 647번	파일
〃	우리 땅 독도 바로 알기	경상북도교육청	독도수업 교수·학습 과정 안 및 PPT 자료	경상북도교육청홈페이지 / 초, 중등교육과 / 자료실 / 초 646번, 중 309, 496번	파일
〃	가고 싶은 우리 땅 독도	국립중앙박물관	독도인문 자연환경 및 도록	국립중앙박물관	책자
영상 자료	아름다운 섬 우리 땅 독도	경북인터넷교육방송·울릉군청	독도 자연환경 소개	경북 교육넷 인터넷방송	14분
〃	독도의 재발견 1부	경북인터넷교육방송 TBC	독도의 바다 및 자연환경	경북 교육넷 인터넷방송	22분
〃	독도의 재발견 2부	경북인터넷교육방송 TBC	계절별 특징, 식물소개	경북 교육넷 인터넷방송	18분
〃	독도의 재발견 3부	경북인터넷교육방송 TBC	계절별 특징, 식물소개	경북 교육넷 인터넷방송	18분

〃	독도 바다사자 1부 (2편)	경북 인터 넷 교육 방송 TBC	독도의 해양 동물 생태계	경북 교육넷 인터넷방송	17분
〃	독도 바다사자 2부	경북인터넷교육방송 TBC	독도의 해양 동물 생태계	경북 교육넷 인터넷방송	18분
〃	독도영상 자료	KBS 방송국	독도 주변의 환경 자료	http://www.ulleung.go.kr	실시간
CD-ROM	한국의 동쪽 섬 독도	교육인적자원부	독도 교수학습 자료	멀티미디어학습자료 배부	학교
〃	독도는 우리 땅	경상북도교육청	독도 교수학습 자료	학습자료 배부(S/W 공모작)	학교
참고도서	우리 땅 독도	계림출판	초등학생에 맞는 독도설명서	전지은 지음	책자
〃	우리 땅 독도이야기	꿈과 희망이야기	선생님이 들려주는 독도이야기	박찬희 지음	〃
〃	우리 독도에서 온 편지	계수나무	독도 관련 도서	윤문영	〃
〃	독도를 지키는 사람들	사계절	독도 관련 도서	김병렬	〃
〃	나는 독도에서 태어났어요	마루별	독도 관련 도서	한정아	〃
〃	일본은 죽어도 모르는 독도이야기	예나루	독도 관련 도서	이예균	〃

독도지킴이 거점학교 응모 신청서

학교소개	학 교 명			
	설 립 별			
	학교급별			
	성 별			
	학 교 장			
	주 소			
	전화번호			
	계좌번호(학교)			
담당교사 (정)	성 명		주민번호	
	직 위		담당(전공)	
	휴대전화		학교전화	
	이 메 일			
담당교사 (부)	성 명		주민번호	
	직 위		담당(전공)	
	휴대전화		학교전화	
	이 메 일			
동해독도 교육경력	초등학교 독도교육 자료 개발 중			
동아리명	WE LOVE 독도			

본인은 「독도지킴이 거점학교」 WE LOVE 독도 반 담당자로 독도동아리 활동을 성실히 수행할 것을 서약합니다.

별첨 : 1. 활동 계획서 1부
　　　　2. 활동비 사용 계획서 1부

20**년 2월 8일

담당 교사

인천**초등학교장

동북아역사재단 이사장 귀하

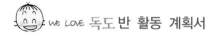 we LOVE 독도 반 활동 계획서

인천**초등학교   지도 교사 : ****

1. 필요성

일본 역사교과서 왜곡 및 영토 분쟁 등에 따른 교육과학기술부의 독도교육 강화 지침에 따라 초등학교에서부터 학생들의 독도교육을 체계화함으로 독도 수호의 의미를 파악하고 독도 수호 참여 방안을 모색해 독도가 우리 영토인 근거와 일본 주장의 허구성 등을 파악할 수 있는 나라사랑 교육의 필요성이 강조되고 있다.

2. 목적

◇ 우리 땅 독도에 대한 사랑을 몸소 실천할 수 있는 각종 동아리 활동 프로그램을 통해 독도사랑 생활화

◇ 독도 바로알기 교육으로 독도에 대한 학생, 교직원, 학부모들의 지속적인 관심 유도 및 올바른 역사의식 제고

◇ 다양한 독도교육 활동 및 체험활동을 통해 보고, 생각하고, 느낌으로써 독도사랑, 나라사랑 의식 고취

3. 운영 계획

월	일	활동내용	준비물	장소
3	9	독도 바로 알기1 - 독도 지명(돌섬, 독섬)의 유래 - 독도의 옛 이름(우산도, 자산도, 삼봉도, 가지도) - 독도의 다양한 명칭(리앙쿠르, 다케시마)	독도교육교재 동영상	사회교과 교실
	23	독도 바로 알기2 - 행정구역, 수리·지리적 위치 (지도·지구본·구글맵 등에서 찾아보기, 울릉도와 오키섬으로부터의 거리 비교, 울릉도와 독도 가는 법) - 해저지형·3차원 시뮬레이션 정보	구글어스맵	사회교과 교실

4	13	독도 바로 알기3 - 독도에 서식하는 동식물(괭이갈매기, 바다사자, 해국, 사철나무) - 수산자원과 지하자원	동영상	사회교과 교실
	27	we love 독도 브레인 서바이벌 게임	게임학습지	사회교과 교실
5	11	독도의 역사적 자료 알아보기 - NIE 활동하기	신문자료	사회교과 교실
	25	독도 역사 WEB신문 만들기	ppt 템플릿	사회교과 교실
6	8	독도 창의 트레이닝 - 브레인 스토밍, 라이팅 기법 - 포스트 잇 활용하기 - PMI, PMR 기법 활용하기 - 스캠퍼	포스트 잇 구안된 학습지	사회교과 교실
	22	독도 DEBATE 배틀 - 다양한 창의적 사고 기법을 근거로 한 토의토론 활동		사회교과 교실
7	13	독도 모형 제작하기 콘테스트(모둠별 제작) - 종이를 활용하여 만들기	종이키트 지점토 찰흙 채색용구	사회교과 교실
	27	- 지점토, 찰흙을 활용하여 만들기		
8	10	독도 사랑 UCC 만들기 - 알씨를 활용한 간단한 홍보 UCC 제작 - 홈페이지 탑재와 댓글을 통한 상호작용	컴퓨터	사회교과 교실
	24	사진을 활용한 VR 자료 만들기 - PhotoSynth: VR프로그램을 활용하여 지리적 사고력 기르기	컴퓨터	사회교과 교실
9	7	독도 저자 되기		사회교과 교실
	21	- 포트폴리오를 활용한 개인별 독도 보고서 작성하기 - 개요 및 목차를 담당교사와 사전에 상의하기		사회교과 교실
10	12	- 독도 사진에 대한 저작권 문제 해결하기 - 역사적 사실+현상을 바탕으로 자신의 논리적 사고 입히기		사회교과 교실
	26	- 한글 워드 프로세서로 작성	컴퓨터	사회교과 교실
11	9	독도 전문가 발표회		사회교과 교실
	23	독도 전문가 출판 기념회	제본 책	사회교과 교실

4. 수행 방법

◇ we love 독도 동아리 반은 2009 개정 교육과정 연구학교인 본교의 창의적 체험 활동 동아리 활동으로 편성하여 운영한다.

◇ 2009 개정 교육과정 연구학교의 3과제인 사회 교과 교실제 활동과 연계하여 운영하며 구축된 사회교과 전담교실을 활용하여 다양한 프로젝트 활동이 가능하도록 조성한다.

◇ :😊 we LOVE 독도 동아리 활동이 프로젝트 활동이 되도록 각 차시의 교수학습 활동의 모든 결과물이 포트폴리오화 될 수 있도록 한다.

◇ 직접 조작해보고 만들어 보며 느끼는 다양한 체험 활동 및 자료를 구안한다.

◇ SMART교육과 함께 간단한 AR, VR자료 제작 등을 활용한 자기주도적인 학습이 가능하도록 한다.

◇ 포트폴리오 자료를 바탕으로한 보고서(결과물)를 정리하여 발표회 개최 및 도서를 출판함으로서 성취감을 얻고 독도 동아리 활동에 대한 자부심을 갖도록 한다.

5. 활용방안 및 기대 효과

◇ 역사 바로알기로 통해 투철한 국가관 확립에 기여

◇ 우리역사, 통일 바로알기를 통한 나라사랑 정신 함양

◇ 바른 품성을 지닌 민주시민 자질 완성

활동비 사용 계획서

인천**초등학교　지도 교사 : ****

구분		산출 근거	총액	비고
활동비	독도모형 키트	5,000원*20개＝10,000원	10만 원	
	독도모형 재료	5,000원*20개＝10,000원	10만 원	
	웹호스팅 및 도메인비	웹호스팅: 70,000원 도메인비: 30,000원	10만 원	
운영비	AR 프로그램	300,000원	30만 원	
	출판제본비	10,000원*30부	30만 원	
	간식비	20,000원*5회	10만 원	
총 계			100만 원	

독도 관련 원격교육연수 소개

http://www.teacherville.co.kr/user-yonsu/YD002.jsp?lec_cd=899

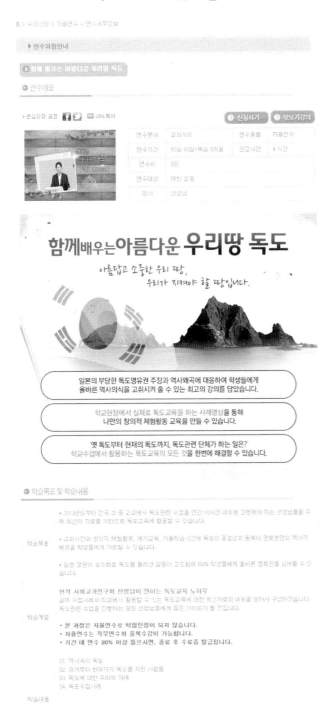

스마트 교육-QR코드로 만드는 독도 수업

스마트폰의 홍수 속에서 어린 학생들부터 주변에서 일어나는 사회 현상들에 관심을 가지고 적극적으로 참여해 가는 모습들을 보입니다. 독도 수업 관련하여 스마트폰을 활용한 QR코드의 교육적 활용을 알아보고자 합니다.

가. QR코드란

1. QR코드란 무엇인가.

요즘 TV광고와 서적, 신문과 방송에서 항상 모서리 부분에 나타나는 정사각형 모양의 마크가 있습니다. 어느 순간부터 각종 홈페이지와 스마트폰의 이용이 높아지면서 함께 QR코드라는 용어자체가 흔한 시대가 되었습니다.

얼마 전까지만 하여도 물건이나 상품에 바코드가 기록되어있는 것은 일반인이 이해하기에는 무리라고 할 수 있었습니다. 하지만 스마트폰의 이용이 급증하면서 QR관련 애플리케이션을 이용하여 다양한 정보를 받아들이고 있기에 이를 활용한 아이디어 상품들과 이벤트도 늘어날 전망이라고 합니다. 이번 과정은 QR코드의 뜻과 역사 활동영역을 살펴보고 학급에서 학생들과 QR코드 활용에 대한 내용을 체험해보고자 합니다 .

그렇다면 QR코드란 무엇이고 이것이 나타나게 된 배경을 살펴보겠습니다. 먼저 그 용어의 뜻을 살펴봅시다.

> QR코드(QR code)는 흑백 격자무늬 패턴으로 정보를 나타내는 매트릭스 형식의 2차원 바코드이다. QR코드는 주로 일본에서 많이 사용되며 명칭은 덴소 웨이브의 등록상표 Quick Response에서 유래하였다. 종래에 많이 쓰이던 바코드의 용량 제한을 극복하고 그 형식과 내용을 확장한 2차원의 바코드로 종횡의 정보를 가져서 숫자 외에 문자의 데이터를 저장할 수 있다. 보통 디지털 카메라나 전용 스캐너로 읽어 들여 활용한다.
> - 위키피디아 온라인백과사전 발췌 -

QR코드의 사용에 대한 이용요금이 없으므로 갖추어지는 형식에 따라서 누구나 무료로 사용할 수 있습니다. 모두에게 공개되어 있기에 다양한 QR코드가 이용되는 것이라 할 수 있겠습니다. 참고로 QRcode®은 주식회사 덴소 웨이브(DENSO WAVE)의 등록상표입니다.

QR코드에 관한 자료는 위키피디아와 덴소웨이브를 참고하였습니다.

나. QR코드 배경지식

1. QR코드의 역사

1994년 일본에서 덴소의 개발 부서(현재는 덴소 웨이브)가 개발하였습니다. 1997년 10월 AIM International 표준이 되었고, 1998년 3월 JEIDA규격 2000년 6월 ISO/IEC 18004[1]표준이 되었습니다. 현재 특허권을 가진 덴소웨이브는 이 표준화된 기술에 대한 특허권을 행사하지 않을 것을 선언하면서 여러 QR코드 활용방법들이 증가하게 되었습니다.

2. QR코드의 구조와 기능

주변에서 쉽게 볼 수 있는 일반 바코드는 한쪽 방향으로 숫자 정보가 저장이 가능합니다. 하지만 QR코드는 종횡으로 2차원 형태를 가져서 더 많은 정보를 가질 수 있으며 숫자 외에도 알파벳과 한자 등 문자 데이터를 저장할 수 있습니다.

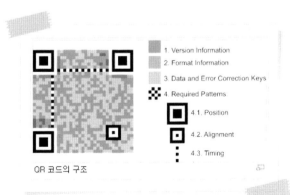

QR 코드의 구조

QR코드는 숫자 최대 7,089자, 문자(ASCII) 최대 4,296자, 이진 8비트 최대 2,953바이트, 한자 등 아시아 문자 최대 1,728자를 담을 수 있다. 크기는 버전에 따라 종류가 나뉘어 있으며 셀의 수에 따라 버전 1부터 40까지 구성되어 있습니다.

3. QR코드의 주요 용도

초기에는 일상 생활에서 사용하는 것보다는 제조업계의 상품 관리에 널리 이용되어 기존 바코드를 대체하는 개념으로 많이 보급되었습니다. 그 후 QR코드를 다양한 인쇄매체에 인쇄하여 연결된 인터넷 정보를 검색하기 쉽게 하기 위한 수단으로 발전하였습니다.

각 기업들의 QR코드 활용 홍보

예를 들어 잡지 광고에 삽입하여 카메라 폰으로 찍으면 코드를 인식하고 웹사이트로 연결하여 더 자세한 정보를 보여주는 등 다양한 방법이 발달하고 있습니다.

현재 스마트폰에서도 이를 지원하는 애플리케이션이 있습니다.

4. QR코드를 인식하는 방법

상점에서 점원이 일반적인 집 전화기 만한 기기를 가지고 다니면서 물건에 바코드를 찾아 체크를 하는 모습을 보신적이 있나요? 그것처럼 QR코드도 인식하는 스캐너가 있습니다. 아래와 같이 여러 가지 종류의 스캐너가 있고, 요즘은 스마트폰의 다양한 QR코드인식 애플리케이션을 이용하여 내용을 확인할 수 있습니다.

하지만 스캐너도 없고 스마트폰도 없으면 QR코드 못 이용하는 걸까요?

PC에서도 인식이 가능하도록 만든 프로그램이 있으니 걱정 안하셔도 된답니다.

네이버의 스마트폰 애플리케이션

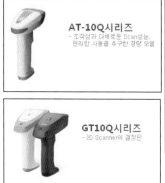

QR코드/바코드 스캐너

PC에서도 웹캠과 이미지인식으로 코드 확인이 가능하도록 만들어진 프로그램

▶ QR코드 인식이 안 됩니다. 이럴 때에는?

QR코드의 표준을 벗어나거나 선명하지 않는 QR코드는 스캐너와 휴대폰의 종류에 따라 인식되지 않는 문제의 원인이 되므로 주의가 필요합니다. 인식 문제의 원인 대략 다음과 같습니다.

① CELL이 왜곡된 QR코드

 : 이미지프로그램으로 코드 안의 CELL을 확대 축소하면 하나하나의 CELL이 왜곡됩니다.

② 주변에 문자나 그림이 표시된 QR코드

 : 마진(여백)을 확보할 수 없습니다. 인식률이 낮은 스캐너는 QR코드 인식이 어렵습니다.

③ 문자나 그림 등의 이미지가 중첩된 QR코드

 : 위와 같은 중첩된 QR코드는 명암 대비가 선명하지 않아 코드 인식하기 어렵습니다. 하지만 요즘 출시되는 스마트폰은 ②, ③번과 같은 QR코드들을 무리 없이 인식하고 있습니다.

다. 나만의 독도 소개 QR코드 만들기

□ 관련 교과: 6학년 사회

□ 관련 단원 및 차시: 1. 우리국토의 모습과 생활 17/17

□ 학습 목표

· 우리 국토의 모습을 다양한 방법으로 표현할 수 있다.

□ 자료 제작 아이디어

· 우리 국토의 모습은 위치와 영역, 기후 등 다양한 방법으로 설명할 수 있다. 인터넷에서 자료를 조사하여 자신만의 QR코드로 내용을 작성하여 정리한다.

□ 자료 활용 아이디어

· 주변에서 볼 수 있는 QR코드의 내용이 다양한 정보를 담고 있음을 확인할 수 있으며 학급 홈페이지를 통하여 자신이 정리하고 만든 QR코드를 비교 관찰할 수 있으

며 스마트폰을 이용하여 실시간으로 모바일 학습 자료로 활용이 가능하다.

□ 자료 제작 및 활용의 유의점

· QR코드 제작을 위한 학생들의 사전 조사가 되어 있어야 한다. 무엇을 조사할지 준비하기

· 자신이 제작한 QR코드 이미지를 개인 메일 또는 학급 홈페이지에 올려두어 학생들 간 자료 교류가 있도록 준비한다.

· 스마트폰으로 QR코드 탐색을 할 때에는 3G또는 와이 파이가 가능한지 확인한 후 진행한다.

□ 자료 제작의 실제

QR코드를 만드는 방법은 크게 전문 제작업체에 주문을 하거나 인터넷을 이용하여 쉽게 만들어볼 수 있습니다. 중요한 것은 그 속에 담겨질 내용과 자료가 핵심이라고 할 수 있습니다.

이번 활동은 사회과 1단원의 단원정리 활동으로 여러 지리적 개념과 활동내용들을 정보통신 매체로의 연계된 작품으로 만들어질 것이며, 개인 명함판 또는 개인 블로그 및 홈페이지 소개하는 활동도 추천해 볼 만하다.

가. QR코드 준비과정

1. 현재 활발하게 무료로 편리한 QR코드 제작 서비스가 되고 있는 www. naver.com으로 접속하고 QR코드 서비스를 클릭(보이지 않을 때에는 메인 서비스 더보기를 클릭합니다). 초록색으로된 나만의 QR코드 만들기를 클릭합니다.

▶ QR코드 서비스 홈페이지에서 만들기를 클릭하면 되지만 이 QR코드 서비스는 회원가입이 완료된 회원만 진행할 수 있으므로 미리 가입신청을 해야 한다.

2. QR코드 서비스 메인에는 각종 QR코드 관련 도움말과 함께 다양한 방법을 제공합니다.

▶제작하기에 앞서 QR코드 활용에 대한 여러 방법들을 나누면서 진행하면 학습동기유발에도 긍정적인 효과를 거둘 것입니다.

나. QR코드 제작하기

1. QR코드 서비스에서 위 과정 중 가.1.을 클릭 하면 아래 화면으로 옮겨집니다.

▶기본 정보 입력
코드 제목은 필수입니다.
테두리의 색깔을 지정합니다.
QR코드의 스타일을 지정합니다.
제작된 QR코드의 공개여부를 체크
다음 단계로 클릭.

2. 본격적으로 학생개인이 준비한 자료들과의 연결부분입니다.

▶오늘의 학습내용은 QR코드에 우리 국토의 모습에 대한 정리 내용이므로 정보담기 선택을 클릭.

▶ 다음 과정에도 나타나겠지만 과정 과정마다 개인 정보 공개 여부와 관련한 체크 하는 부분이 있습니다. 필요에 의해서 또한 무심결에 모두 체크되지 않도록 개인정보에 유의하면서 진행하면 좋겠습니다.

3. 기록하기전 순서변경과 스킨적용 내용을 체크하면서 학생개인마다 필요한 만큼 체크표시를 해놓도록 합니다.

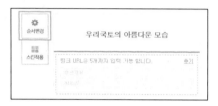

나중에 결과물에서 확인하는 내용에 관한 부분으로 어떤 내용이 먼저 나타나게 할 지 순서를 결정하는 과정입니다.

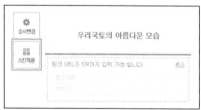

최종 결과물을 확인할 때 다시 중간 과정으로 되돌아 올 수 있습니다(항상 수정이 가능).

처음 부분은 인터넷 주소(URL)를 입력합니다. 링크제목과 함께 정확한 주소를 적습니다.

주소와 함께 이것과 관련한 소개글을 입력합니다. 글자 수에 제한이 있습니다.

4. 직접 조사한 내용들과 연결을 합니다(이미지, 동영상 올리기).

[이미지 올리기]

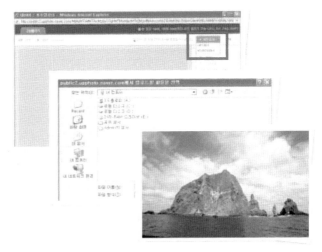

이미지부분을 클릭하면 위와 같은 화면에서 PC나 N드라이브 안에 있는 사진을 올릴 수 있습니다.
여기서는 독도 사진을 올려보도록 하겠습니다.

[동영상 올리기]

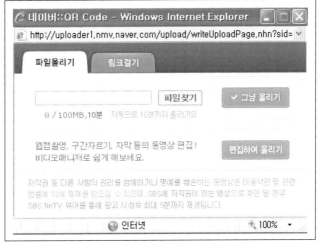

동영상을 올릴 때에는 저작권 자료인지 확인한 후 올리도록 합니다. 또한 동영상을 그냥 올리거나 편집하여 자료를 올릴 수 있습니다. 목적에 맞게 작업하세요.

5. 직접 조사한 내용들과 연결을 합니다(지도, 연락처 올리기).

[지도 올리기]

 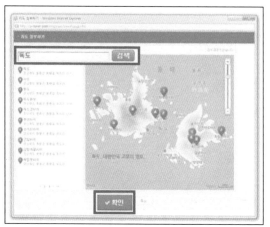

지도부분을 클릭하면 네이버 지도 창이 열립니다. 원하는 지역을 검색합니다. 여기서는 제주라고 검색을 하겠습니다.
확인을 누릅니다.

[연락처 올리기]

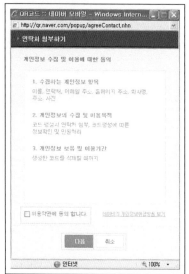

개인정보에 동의하는 체크란이 나타나고 계속할 때에는 [다음]을 연락처를 올리지 않을 경우에는 [취소]를 클릭합니다.

6. 작업 내용들을 기록하면 아래 왼쪽 이미지와 같이 어느 정도의 내용이 나타나게 됩니다.

[QR코드 완료하기]

드디어 QR코드가 생성되었습니다.

먼저 내코드 관리 가기 클릭!
왼쪽 수정화면은 동영상 연락처를 입력하지 않았기 때문에 나타나는 공간입니다. 내용을 모두 입력하면 지도와 이미지부분처럼 나타나게 되며, 이미지는 여러 사진을 추가했을 때의 작게보기 기능도 함께 포함되어 있습니다.

내 코드관리에서는 메일이나 블로그 휴대폰으로 전송이 가능하며 인쇄뿐 아니라 SNS와도 연결됩니다.

이 코드가 어떻게 스마트폰에서 나타날지 궁금하면 QR코드 아래에 있는 미리보기를 클릭하세요. 그러면 왼쪽 그림과 같이 자신이 작성한 자료가 나타나는 것을 확인할 수 있습니다.

┃〈참고문헌〉

교육과학기술부, 2012, 국어 읽기 교과서 6학년 2학기
교육과학기술부, 2012, 국어 읽기 교과서 6학년 1학기
교육과학기술부, 2012, 국어 듣말쓰 교과서 6학년 1학기
교육과학기술부, 2012, 국어 듣말쓰 교과서 6학년 1학기
교육과학기술부, 2012, 사회 교과서 6학년 1학기
교육과학기술부, 2012, 과학 교과서 6학년 1학기
교육과학기술부, 2012, 6학년 도덕 교과서
교육과학기술부, 2012 국어 읽기 교과서 2학년 1학기
교학사(정성봉 외), 2012, 6학년 실과 교과서
교육과학기술부, 2011, 2009 개정교육과정 총론
교육과학기술부, 2012, 2009 개정교육과정 한국어 과정
교육과학기술부(2011), 독도교육 내용 체계
교육과학기술부(2011. 03. 30), 보도자료 '교과부, 초등학생용 독도학습 부교재 보급'
권규빈, 2013, 「독도 교과서 개선 방안 연구: 중학교 검인정 교과서 <아름다운 독도>를 중심으로」,
    이화여자대학교 역사교육 석사학위 논문
김병오, 1997, 「독도의 명칭에 대한 역사적 고찰」, 한양대학교 역사교육 석사학위 논문
김현중, 2009, 「한일 독도 영유권 분쟁에 관한 대응방안 연구」, 창원대학교 국제협력 석사학위 논문
동북아역사재단, 2011, 초등학생, 중학생, 고등학생 독도 바로 알기
마경만, 2010, 「초등학생의 독도 지식과 인식에 관한 연구」, 전주교육대학교 초등사회교육 석사학위 논문
박조현, 2007, 「독도 영유권에 관한 국제법적 고찰」, 인천대학교 사법행정 석사학위 논문
백인기, 2009, 「울릉도와 독도에 관한 지리학적 연구」, 성신여자대학교 지리학 박사학위 논문
신동호, 2013, 「초등학교 독도 교과서 내용분석」, 한국교원대학교 사회과교육 석사학위 논문
연합뉴스(2011. 03. 03) "첫 '독도교육과정', 어떤 내용 담았나"
연합뉴스(2012. 10. 01) "韓, 10년간 日교과서 수정요구 단 3차례"
이남형, 2008, 「독도 영유권 문제에 관한 연구」, 조선대학교 법학 석사학위 논문
유수현, 2013, 「지리 교과서의 독도 관련 영토 교육 내용 분석-고등학교 한국 지리를 중심으로」, 고
    려대학교 지리교육 석사학위 논문
최혜경, 2009, 「서양고지도를 통해 본 울릉도와 독도: 파인드코리아 웹사이트상의 고지도를 중심으
    로」, 성신여자대학교 지리교육 석사학위 논문
한엽, 2012, '초등교사의 독도 이해 인식도 분석을 토한 독도 수업 역량 강화 방안 연구', 중앙대학
    교 역사교육 석사학위 논문
Wierzbowski Tomasz, 2012, 「독도 영유권 분쟁」, 성균관대학교 정치외교 석사학위 논문

〈집필진〉

자문 –
김만곤 한국교과서연구재단 수석연구위원
권영민 전)교육부 동북아역사대책 팀장

집필 –
윤성한 인천용현초등학교 교장
김동래 인천산곡남초등학교 교장
신재한 교육부 교육연구사
강사채 인천광역시 남부교육지원청 장학사
최정화 인천광역시 남부교육지원청 장학사
이은혜 인천광역시 서부교육지원청 장학사
김재광 인천광역시교육청 창의인성교육과 파견교사
김현진 인천해송초등학교 교사
김광태 인천송림초등학교 교사
윤영식 경인교육대학교 부설초등학교 교사
한동엽 인천주안남초등학교승봉분교장 교사
이정환 인천만석초등학교 교사
오동환 인천삼목초등학교 교사
이두현 수원영생고등학교 교사
권미혜 부천부안초등학교 교사
배호진 명진고등학교 교사
유주호 명진고등학교 교사
임선린 파주선유중학교 교사
윤정현 잠일고등학교 교사

감수 –
한국사회과교육연구회
전국사회과교과연구회
인천광역시교육청 초등교육과정연구회·초등교육과정포럼
인천광역시 남부교육지원청 초등사회교과연구회

초등학교
독도교육의
이해와 실제

초 판 인 쇄 ┃ 2013년 10월 11일
초 판 발 행 ┃ 2013년 10월 11일

지 은 이 ┃ 윤성한 외
펴 낸 이 ┃ 채종준
펴 낸 곳 ┃ 한국학술정보㈜
주   소 ┃ 경기도 파주시 문발동 파주출판문화정보산업단지 513-5
전   화 ┃ 031) 908-3181(대표)
팩   스 ┃ 031) 908-3189
홈 페 이 지 ┃ http://ebook.kstudy.com
E - m a i l ┃ 출판사업부 publish@kstudy.com
등   록 ┃ 제일산-115호(2000. 6. 19)

ISBN   978-89-268-4659-9 03330